Zollerische Schlösser, Burgen und Burgruinen in Schwaben

von
K. Th. Zingeler und Georg Buck

Das interessante und seltene Werk
aus dem Berliner Verlag Ebhardt
erscheint im Rahmen ausgewählter Literatur
als exklusive Reprint-Ausgabe in der
Historischen Bibliothek des Melchior Verlages.

Nachdruck der Originalausgabe von 1906
nach einem Exemplar aus Privatbesitz.

M

Reprint
© Melchior Verlag
Wolfenbüttel
2012
ISBN: 978-3-942562-82-9
www.melchior-verlag.de

INHALTSVERZEICHNIS.

DIE ABBILDUNGEN

6, 42 und 106 verdanken wir dem königlichen Hausarchiv zu Charlottenburg;

16 und 27 sind nach photographischen Aufnahmen erfolgt, welche Seine Hoheit Fürst Wilhelm von Hohenzollern gemacht hat und uns gnädigst zur Verfügung stellte;

17 nach einem Aquarell des † Baurates Eulenstein;

18, 71, 78, 79, 88, 104, 105 und 134 nach uns gütigst zur Verfügung gestellten Clichées des fürstlich fürstenbergischen Archivs zu Donaueschingen;

19, 20, 21, 68 und 135 desgleichen von der fürstlichen Domänenkanzlei zu Wolfegg;

40, 44, 115 und 133 desgleichen von den Blättern des Schwäbischen Albvereins;

45 und 46 desgleichen von Herrn Professor Dr. Weber in Jena.

Ausserdem fühlen wir uns verpflichtet, dem Herrn Eisele, Pfarrer zu Salmendingen (jetzt zu Siberatsweiler), und Herrn Schuh, Steuerrat zu Sigmaringen, für ihre vielseitigen Bemühungen besten Dank zu sagen. — Sämtliche 119 Clichées, die wir herstellen liessen, entstammen der Hof-Kunstanstalt von Karl Pelz in Sigmaringen.

Abb. S. 106 muss die Zahl 110 statt 10 haben.

DER HOHENZOLLER.

Abb. 1. Der Hohenzoller in seiner jetzigen Gestalt.

Das Mittelalter kannte nicht die Freude, den Genuss an der malerischen Schönheit der Natur, wie unsere Zeit. Die Alpenwelt hatte für es noch keine Reize, lockte keine kühnen Bergsteiger, um sie für waghalsiges Klettern, lebensgefährliches Ringen mit den Elementen durch den herrlichen Fernblick von ihren Berggipfeln in eine neue Welt zu belohnen und zu entschädigen. Nur da, wo die Berge Gegenstand der Kultur waren, haben sie als Bestandteil des Agrarbesitzes auch Eigennamen, also doch nur dem praktischen Zwecke, der Nutzbarkeit dienend. Daher kennt das Mittelalter auch noch keine künstlerischen Darstellungen der Natur in landschaftlichen Gemälden. Solche besitzen wir erst aus neuerer Zeit, und der erste Maler, der Bilder von ihnen schuf, war Segantini. Winkelmann liess, als er auf seiner Reise nach Italien durch die Alpen fuhr, die Fenstervorhänge herunter, damit der Anblick der Berge sein ästhetisches Gefühl nicht beleidige, und doch schrieb er 1777 sein Buch von der

Fähigkeit der Empfindung des Schönen. Gewiss besingen die mittelalterlichen Minnesänger die zur Frühlingszeit erwachende Natur, jubeln mit den aufsteigenden Lerchen, begrüssen die ersten Blumen auf grünendem Anger und freuen sich des sprossenden Waldes. Aber das ist das Aufatmen von langer, harter Winterszeit, die Freude an der Möglichkeit, endlich wieder die dumpfen Stuben der unwohnlichen Häuser verlassen und im Freien sich ergehen zu können.

Sollte man nicht gerade das Gegenteil in der Sinnesart unserer Voreltern vermuten, wenn wir ihre Burgsitze anschauen? Sollte man nicht viel eher annehmen, der fesselnde Zauber wechselvoller Naturschönheit habe sie gelockt? Aber anders urteilt der Edeling des Mittelalters, anders der Sohn der Neuzeit. Dieser ruft angesichts der auf hochragendem Berge liegenden Burg mit der weiten Ausschau über Höhen, Täler, Ebene, Wälder, Städte und Dörfer unwillkürlich aus: »Wie schön!« Jener wird dagegen mit prüfendem Auge die strategische Lage seines Steinhauses betrachtet und danach dessen Wert geschätzt haben.

Wenige Berge und Burgen in deutschen Landen vermögen so sehr den Beschauer zu fesseln, wie der Zoller. Das ist, weil hier landschaftliche Schönheit, überraschende Kühnheit der Bauanlage, gebietende Würde und eine geschichtliche Bedeutung höchsten Ranges sich vereinigen zu einem Gesamtbilde, das in dem einen Worte: »der Zoller« mächtigen Ausdruck findet: volltönend wie der Klang einer gewaltigen Glocke. Wie einst Kaiser Wilhelm, glorreichen Angedenkens, eine Anzahl treuer Paladine umgab, deren Lebensgeschichte jede für sich einen wichtigen Platz in den Geschichtsblättern unseres Vaterlandes ausfüllt, so umstehen auch den Zoller auf hohen Bergen altehrwürdige Burgen, jede einstmals Sitz eines hervorragenden deutschen Geschlechtes. Da winkt von Nordosten her der Hohenstaufen, die Wiege der Staufenkaiser. Ihm schliessen sich in der Richtung nach Südwest, dem Zoller zu, an: die Teck, auf welcher die Herzoge von Teck sassen, eine Nebenlinie der Herzoge von Zähringen, deren Nachfolger die Grossherzoge von Baden sind; der Neuffen, Hohenneuffen, die alte Feste der Grafen und Herzoge von Württemberg, und sodann die Achalm, von der ehemals die mächtigen Grafen von Achalm zu Tal schauten. Alle diese Burgen liegen in Trümmern, die Burg Hohenzollern dagegen erstand wieder, aufgerichtet in stammverwandter Gemeinschaft der königlichen und fürstlichen Hohenzollern. Das Geschlecht, das vor mehr als 850 Jahren den kühnen Entschluss fasste, dort seine Veste zu erbauen, muss von markiger Kraft gewesen sein.

Der Zoller — so heisst Burg und Berg das ganze Mittelalter hindurch, und heute noch nennt der Volksmund den Berg nicht anders — hat hinsichtlich seines Namens und seiner ältesten Geschichte den Forschern schon viele Schwierigkeiten bereitet. Gab der Berg dem Geschlechte, welches im 11. Jahrhundert dort oben seine Burg baute, von der es das Mittelalter hindurch hiess:

Nobile Zolre castrum

Hactenus fulgens ut astrum

»du edle Zollernburg bis dahin glänzend wie ein Stern«, den Namen, oder hiessen die Erbauer der Burg schon vorher Zollern? Allgemein wird das erstere

angenommen. Aber der Beweis hierfür ist uns bis zur Stunde noch nicht über-
zeugend geliefert worden. Ich neige mich der Ansicht zu, dass der Name
Zoller erst mit den Dynasten, die hier inmitten der Hattenhuntare ihre Burg
erbauten, einzog. Wir wollen die Gründe für beide Ansichten hören, soweit
sie nicht in das ehemals so beliebte Gebiet phantasievoller, märchenhafter
Genealogie gehören.

Abb. 2.   Der Zoller nach seinem Wiederaufbau 1454.

Zunächst sind die Forscher der erstgenannten Meinung schon gar nicht
einig über den Namen Zoller selbst, seine Bedeutung, seinen Ursprung. Die
sprachlichen Herleitungen von Solar = solarium = Söller, flaches Dach, oder
von Zuller = Schlotzer! übergehen wir. Letzteres streift an das Komische.
Auch wurde an das keltische Tull, Toll, Berg, Bergfeste gedacht. Mit viel
wissenschaftlicher Gründlichkeit ist der keltische Ursprung des Namens zu
beweisen versucht worden. Man ging dabei auch von der Annahme aus, der
Zoller sei ursprünglich eine keltische Volksburg gewesen. Hierzu bemerke ich,
dass der Zoller sich zu einer solchen wenig eignete, jedenfalls weniger als
andere in der Nähe befindlichen Höhen. Und warum soll gerade der Zoller

und nur dieser aus seiner Eigenschaft als keltische Volksburg den Namen hierfür erworben haben, da Hohenzollern, Schwaben überhaupt doch so reich an
Volksburgen ist, ohne überlieferte Namen? Bei diesen keltischen Erklärungs-
versuchen erinnert man sich an das in rheinischen Gelehrtenkreisen heimische
Wort: »Was man nicht erklären kann, sieht man gern als keltisch an«.

Am meisten Nachdruck hat die Ableitung des Wortes Zoller von dem
lateinischen Mons solarius gehabt. Diese Herleitung ist aber ganz bestimmt
unrichtig, mag sie mit noch so vielen Worten zu beweisen versucht werden.
Schon die geschichtliche Begründung ist durchaus unzutreffend. Es liegt gar
kein Beweis für die kühne Behauptung vor, »dass auf dem Zoller einer der
bedeutenderen römischen Beobachtungstürme mit einer kleinen stehenden
Besatzung war.« Reines Phantasiegebilde! Gerade die Geschichte der nächsten
Umgebung des Zollers und des Berges selbst spricht gegen diese Annahme.
Auf dem Zollernberg sind, auch bei dem gänzlichen Neubau der Burg, der 1867
vollendet war, keine Spuren römischer Befestigungen gefunden worden. Reicher
an römischen Bauresten ist die Gemarkung zwischen Hechingen und Weilheim.
Aber, und hierauf ist Nachdruck zu legen, diese Niederlassung reicht, den im
Oktober 1904 im Auftrage des Fürsten von Hohenzollern von mir geleiteten
Nachgrabungen zufolge, nicht über das zweite Jahrhundert hinaus, war vielmehr
um die Mitte der genannten Zeit schon verlassen. Weder der Zoller, noch
Weilheim, noch Hechingen kann Anspruch machen auf römische Befestigungs-
anlage, wie ich von Weilheim früher selbst glaubte. Auch führen keine Römer-
strassen nächst beim Zoller vorüber. Die künstlich gestaltete Beweisführung:
1. der Zoller war einer der bedeutenderen römischen Beobachtungstürme
Schwabens, 2. die römischen Krieger hatten auf dem Zoller einen kleinen
Tempel und nannten die Kultstätte, den Berg, daher mons solarius, Sonnenberg,
und 3. aus dem Worte solarius hat sich der Name Zoller entwickelt, ist eitel
Phantasie ohne jede stichhaltige Unterlage. Wir wissen auch nicht das geringste
von einem mons solarius.

Keineswegs ist aber unmöglich, dass die keltischen oder spätern schwäbischen
Bewohner der Gegend hier eine Kultstätte hatten. Hierfür spricht die Tatsache,
dass auf dem Zoller schon sehr früh eine dem hl. Michael geweihte Kapelle
gebaut wurde — ein Vorgehen, das die Kirche gerne sah und unterstützte,
um damit den heidnischen Kultstätten einen christlichen Charakter zu geben.
Und so ist es ganz erklärlich, dass, der Überlieferung gemäss, der Berg, bevor
die Grafen von Zollern ihre Burg auf demselben erbauten, Michaelsberg hiess.

Der Berg bietet somit in römischer Beziehung gar keinen und in keltischer
Hinsicht keinen ausschlaggebenden Anhalt zur Erklärung des Namens Zoller.
Erwähnt sei hier, dass die Schreibung des Namens eine ungemein wechselnde
und willkürliche ist. So 1061 Zolorin — vielleicht die zur Erklärung wertvollste
und brauchbarste —, 1095 Zolro, 1115 Zolra, 1085—1115 Zolra, Zulra, Zoller,
1125—1145 Zolr, Zolro, Zolra, Zolren, 1125—1150 Zolre, Zolr, Zolra, Zolren,
Zollern, dann werden Zolr und Zolre am gebräuchlichsten, wobei aber noch
allerlei Schreibweisen vorkommen. Erst 1350 tritt von der Hochen Zolre auf,
was verschiedentlich, immer noch neben Zolr, Zolre, Zollern, 1379—1412 Hohen
Czolrre, Hohenzolr, 1368 Zolr von Hohenzolr geschrieben wird. Bis in das 16.

Jahrhundert bleibt Zolr, Zolre und Zollern im Gebrauch, um endlich ganz dem Worte Hohen Zoller und schliesslich Hohenzoller Platz zu machen. Im Volksmund heisst er aber, wie schon erwähnt, bis heute noch Zoller.

Wie wir nun hinsichtlich des Namens Schalksburg durchaus noch nicht sicher sind, ob in dem Worte ein Appellativ steckt, so gilt dies erst recht vom Worte Zoller. Keinen andern Anhaltspunkt haben wir, als dass das Geschlecht 1061, bis dahin schon reich an Macht und Ansehen, zuerst mit dem Namen de Zolorin auftritt. Wer will uns beweisen, dass dies nicht der Name ist, den die Dynasten von da ab führten, sei es, dass der Kaiser ihnen denselben verliehen, sei es, dass sie zur Unterscheidung von einer anderen Linie ihn annahmen, gleichwie die Zollern-Hohenberger, nicht mal hundert Jahre später, ähnlich handelten? Und ist es nicht recht auffallend, dass der 1095 auftretende Mitstifter von Alpirsbach, Adalbert, sich auch schon de Zolro nennt und dabei Comes de Heigirloch? Der hatte doch nicht seinen Sitz auf dem Zoller, nannte sich nicht nach dem Burgsitz Zoller, sondern unanfechtbar nach seinem Burgamtsitz Haigerloch, wiewohl er Zeitgenosse von Burkhard und Wezel de Zolorin war. Das bestärkt mich in der Ansicht, dass der Name Zoller der Geschlechtsname war, den die Dynasten schon besassen, bevor sie den Zoller bauten und den sie dann Berg und Burg gaben, nicht aber der Berg ihnen.

Wann ist nun die Burg gebaut worden? Das wissen wir nicht genau. Ein Geschichtsschreiber der Zollern sagt: Um 1061 ward sie gebaut und deshalb fand ja jener Kampf statt, in welchem Burkhard und Wezel 1061 fielen. Wo steht das anders als in der Annahme des Aufstellers dieser Erzählung? Ein anderer zollerischer Geschichtsforscher behauptet: Die Väter der beiden Burkhard und Wezel müssen die Burg schon gebaut haben. Der Beweis fehlt. Die Wahrheit kann auf der einen wie auf der andern Seite liegen, in der Mitte muss sie wenigstens zu finden sein; denn das ist die Zeit, wo die hervorragenden Edelgeschlechter ihre Burgen auf die Berge bauten.

Für die Annahme, der Berg habe damals schon Zoller geheissen, bieten diese bauzeitlichen Angaben auch keinen Anhalt. Dagegen spricht die Überlieferung, wie schon oben angeführt, sehr deutlich dafür, dass, bevor die Burg gebaut wurde, der Berg Michaelsberg hiess, und zwar wegen der dort oben errichteten Kapelle. Wann diese Kapelle gebaut wurde, ist nicht mehr nachzuweisen. Dass sie bei Einführung des Christentums errichtet worden sei, ist möglich, gerade um den heidnischen Wodankultus zu vertreiben, zu verchristlichen, und hierfür spricht auch, dass beim Bau der ersten Zollernburg im 11. Jahrhundert eine Michaelskapelle mit künstlerischer Ausstattung hergestellt wurde, von der heute noch Bildwerke auf dem Zoller vorhanden sind. (Abb.3.) Aber fragen wir: Ist es wohl denkbar, dass man, schon seit Jahrhunderten bestrebt, dem Berg seinen heidnischen Kultuscharakter zu nehmen, ihm einen Namen gegeben (gelassen) hätte, der, wie mons solarius, immer wieder an die Heidenzeit erinnern musste? Nein! Mons solarius hat er nie geheissen, und somit kommt auch nicht Zoller von dieser römischen Benennung. Und wenn wir auch der Zimmerschen Chronik keine grosse geschichtliche (wohl kulturgeschichtliche) Bedeutung beilegen, so mag doch hier erwähnt werden, was sie über den Zollerberg erzählt, um so mehr, als im 16. Jahrhundert die Überlieferung noch viele Kraft besass. Sie berichtet: »Und als die von Zoller in unser land erstlichs komen, sich darinnen niederzulassen, haben sie sant Michelsperg eingenommen, ain schloss darauf gepawen, welches sie Zoller genant.«

Abb. 3.   Die drei Steinbilder aus der Michaelskapelle der Burg im 11. Jahrhundert.

Der Zoller liegt in der ehemaligen Hattenhuntare. Wann diese in Besitz der Zollern kam, wissen wir nicht genau. Da aber die neueste genealogische Forschung auf Grund eingehender kritischer Untersuchung zu der Überzeugung gekommen ist, dass der älteste Genealoge der Zollern, Erasmus Sayn de Frisinga, um 1200 recht hatte, so müssen wir den 1061 gefallenen Burkhard schon als Graf von Zollern ansprechen. Vom 11. Jahrhundert ab ist die Hattenhuntare in zollerischem Besitz und führt daher mit Recht durch alle Jahrhunderte hindurch den Namen Grafschaft Zollern. Sie ist die geschichtliche Stammgrafschaft der Zollern, die Wiege des Geschlechtes, das in seinen vielen Verzweigungen die Jahrhunderte überdauert und heutigentags in der kaiserlich-königlichen und der fürstlichen Linie der Hohenzollern ihre Vertreter hat, zu denen neuerdings noch als dritte Linie die hohenzollern-rumänische Dynastie zu rechnen ist, als deren Gründer König Karl, der Oheim, und als deren Stammvater Prinz Ferdinand von Rumänien, der Bruder des Oberhauptes der fürstlichen Linie, Wilhelm von Hohenzollern, zu betrachten ist.

Die Stammgrafschaft war aber kaum mehr als der Kern des ehemaligen grossartigen Besitzes des Gesamthauses Zollern, das an Macht, Reichtum und daher auch Ansehen im 12. und 13. Jahrhundert nur noch an den Staufern und Zähringern ebenbürtige Genossen hatte. Die Zollern und die Hohenberger waren damals so mächtig, dass der Gesandte Gregors IX., als er die schwäbischen Grossen zum Kampfe gegen den Kaiser Friedrich II. aufrief und die Kräfte

1226.

Abb. 4. Siegel des Grafen Friedrich von Zollern. Es zeigt das älteste Wappen der Zollern vor Annahme des gevierteten Schildes. Umschrift: SIGILLUM. FRIDERIC(I). (CO)MITIS. DE. ZOLRE. †

derselben abschätzte, von den Zollern und Hohenbergern sagte, dass sie in ihren starken Burgen dem Kaiser Trotz bieten könnten, so lange sie wollten.

Es geht ein stolzer Zug durch die ganze Geschichte der Stammgrafschaft, die niemals dem Hause, auch nicht zur Zeit der höchsten Bedrängnis entfremdet

1240.

Abb 5. Zollern-Nürnberger Siegel vor Annahme des gevierteten weiss-schwarzen Schildes. Umschrift: S. CVNRADI. BVRCRAVII. DE. NURINBERC. ET. COMITIS. DE. ZOLER.

1387.

Abb. 6. Allianz-Siegel der Gräfin Adelheid von Zollre, geb. Gräfin von Fürstenberg. Umschrift: S.' ADELH. D.' FVRSTENBERC. COMITISS. D. ZOLR.

wurde. Man macht unserer Ansicht nach viel zu viel Aufhebens von den Streitigkeiten der beiden Brüder Friedrich dem Oettinger und Eitel Friedrich I.

im ersten Viertel des 15. Jahrhunderts. Um alles zu verstehen, muss man den Charakter jener rauhen, gewalttätigen Zeit in's Auge fassen, wo das Recht auf der Spitze des Schwertes schwebte. Für die dem schwäbischen Hause Zollern innewohnende Kraft liefert den schlagendsten Beweis, dass nur wenige Jahrzehnte später, als seine Feinde schon sicher waren, es nun für immer gebrochen zu haben, die Zollern mächtig aufstreben, so stark und angesehen sind, dass ihre Stammverwandten, die Branden-

1248.

Abb. 7. Ältestes weiss-schwarz geviertetes Zoller-Siegel. Umschrift: SIG. FRIDERICI. COMITIS. IN. ZOLRE.

burger Hohenzollern, Ehebündnis und Erbverträge mit ihnen schliessen, die Zugehörigkeit der fränkisch-brandenburgischen Hohenzollern und der schwäbischen Linie zu einander erneuern und für alle Zeiten festsetzen, und dass der Sohn Eitel Friedrichs I., Jos Niklas, in der Lage war, dem Grafen von Württemberg in grosser Bedrängnis mit einer für jene Zeit bedeutenden Summe als Bürge beizuspringen. — —

Die Nachgrabungen, welche nach Stillfried im Jahre 1836 angestellt wurden, haben ergeben, dass als ältestes Bauwerk auf dem Zoller die Fundamente der heutigen Michaelskapelle zu betrachten sind. Wann diesem ursprünglich selbständigen Kirchlein, das später in die Burganlage einbezogen wurde, der Bau der Burg

1377.—1395.

Abb. 8. Zollern-Nürnberger Reitersiegel. 1378.
Umschrift: Sigill. Friderici. dei. Gracia. Bvrggrafii. Nurinbergensis.

selbst folgte, ist weder durch Urkunden noch sonstige Chronik auf uns gekommen. Festgestellt ist, dass die drei dort aufgefundenen Steinbilder (vergl. Abb. 3) der steinernen Burgkapelle angehörten. Diese mag einem Holzbau gefolgt, und gleichzeitig mit dem Burgbau im elften Jahrhundert entstanden sein.

Nachdem die in den Jahren 1850—67 durchgeführten umfassenden Um- und Wiederaufbauten eine Untersuchung auf die ältesten Reste unmöglich machen, sind wir auf die Aufnahmen, welche vor jenen Umbauten gemacht wurden, angewiesen.

Nach einer vorhandenen Grundrissskizze bestand die alte Burganlage, über deren Grössenverhältnisse keine genauen Anhaltspunkte vorliegen, im wesentlichen aus einem quadratischen Hauptturm und der Michaelskapelle (Burgkapelle). Diese Gebäude schloss die mit Halbtürmen besetzte Ringmauer ein. Der Haupt-

1290.

Abb. 9. Zollersiegel der Burggrafen von Nürnberg. Umschrift: FRIDERICI. BVRCGRAVII. DE. NVERENBERG.

turm (Bergfried) stand weit vorgeschoben auf der Westseite an der höchsten Stelle des Bergkegels, die Burgkapelle lag gegen Süden. Der Eingang zur Burg befand sich wohl auf der Ostseite. Dass den Bergfried bewohnte Unterbauten umgeben haben, wie Stillfried behauptet, ist nicht nachgewiesen. Viel eher mag angenommen werden, dass der Hauptturm solche Ausdehnung hatte, dass er zugleich als Wohnturm diente.

Auf der Ostseite war die Burg nach den aufgefundenen Mauerresten durch drei runde Türme verteidigt, von denen zwei einen inneren Durchmesser von 18 Fuss hatten, die durch einen geradlinigen Wehrgang, der von Norden nach Süden lief, verbunden waren, diese bildeten mit dem dritten am östlichsten Punkt gelegenen Turme einen dreieckigen Vorhof und verteidigten zugleich den dort liegenden Eingang zur Burg. Dort wird wohl auch das Torhaus (siehe unten) zu suchen sein. Mitten im alten Burghof, zwischen dem Wehrgang und dem Hauptturm wurden die Fundamente eines vierten runden Turmes entdeckt, dessen innerer Durchmesser 12 Fuss betrug und dessen 30 Fuss unter den Burghof reichende Untermauerung als Schachtgemäuer des ursprünglichen Brunnens anzusprechen ist. Der Burgfrieden zu Zollern, welcher am 23. Februar 1402 (also 21 Jahre vor Zerstörung der ältesten Burg) von den Brüdern Graf Friedrich dem Oettinger und Graf Eitel Friedrich I. und ihren Vettern dem Schwarzgrafen und dem Grafen Ostertag vereinbart wurde, sagt: dass die Grafen zu Zoller in der Veste auf ihre Kosten vier gemeinschaftliche stetige Wächter, und zwei gemeinschaftliche Torhüter, die Kapelle, den Brunnen, den Vorhof und das Torhaus auf gemeinsame Kosten zu bauen, und jeder seinen Teil an der Ringmauer machen zu lassen hätten, dass man darauf wohl gehen und wandeln möge ungefährlich. Ohne Zweifel wurden aber im Laufe der nächsten Jahrhunderte sowohl für die Glieder der gräflichen Familie, die sich in den Besitz der Burg teilten, wie für die Besatzung und das Gesinde noch mehrere Gebäude hinzugefügt, deren untere Teile durch den Steilabfall des Berges, feste Gewölbe (Kasematten) bildeten. Diese „Gewölbe" werden später zu verschiedenen Malen erwähnt.

Abb. 10.   Der Zoller im 18. Jahrhundert.

Machtvoll und scheinbar unbezwinglich zierte den Zollerberg die älteste Burg, die noch im 15. Jahrhundert als die Krone aller Burgen in Schwaben, als „das vesteste Hauss in teutschen Landen" gepriesen wurde, bis im Jahre 1423 am 15. Mai nach hartnäckiger Verteidigung die stolze Bergveste, fast zur Ruine zertrümmert, in die Hände der mit den Württembergern verbundenen Reichsstädte fiel.

Graf Eitel Friedrich I. versuchte den Wiederaufbau der Burg durch Errichtung eines Torturmes und sonstiger Bauten. Die Städter zerstörten jedoch

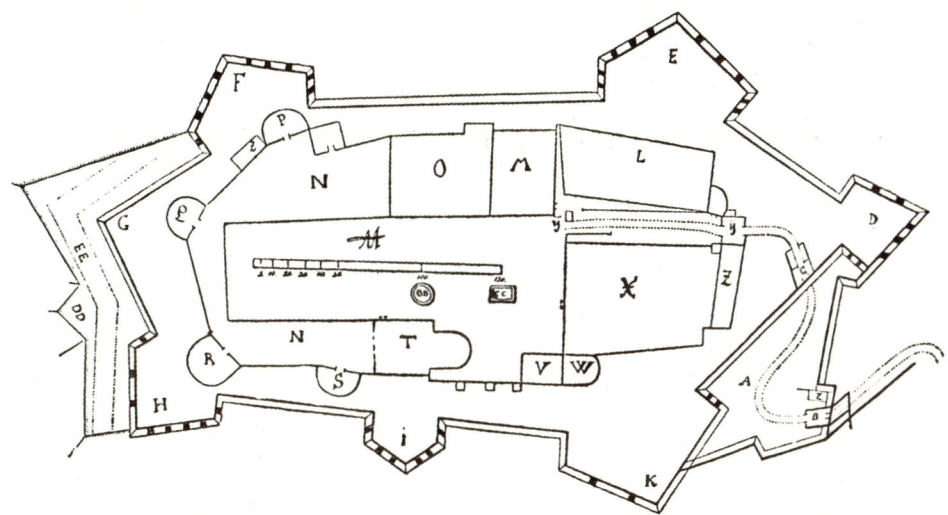

Abb. 11. Grundt Rüss der Vösstung Hochenzollern. Anno 1692 den 15ten April verförttiget.
A der Vorhoff. B Dass Vorhoff Thor. C Thor durch dass Hauptwerckh. D Die Schnarr-Wacht-Pastey. E Die Neye Pastey. F Fuxloch-Pastey. G Der Spiz. H Scharpff-Eggs-Pastey. I Die Gartten-Pastey. K S. Michles-Pastey. L Die Neye Cassermé. M Der Sall. N Fürst-liche Zimmer. O Dass Zeighauss, worauf auch Zimmer sein. P Kaysers Thurn. Q Pischoffs Thurn. R Marggraffens Thurn. S Cantzley Thurn. T S. Michles Khirchen. V Dass Bachhauss. W Schmidten Thurn. X Commendanten Wohnung, worunter Cassermen sein. Y Erstes Thorn ybern Rosst und anders in den Hoff. Z Die Wacht Stuben. AA Der grosse Hoff. BB Der Brunnen. CC Die Cisternen. DD Auszeichnuss alwo ein Ney Werch sollte gemacht und alwie EE Ein graben verförttigt und gesprengt werden.

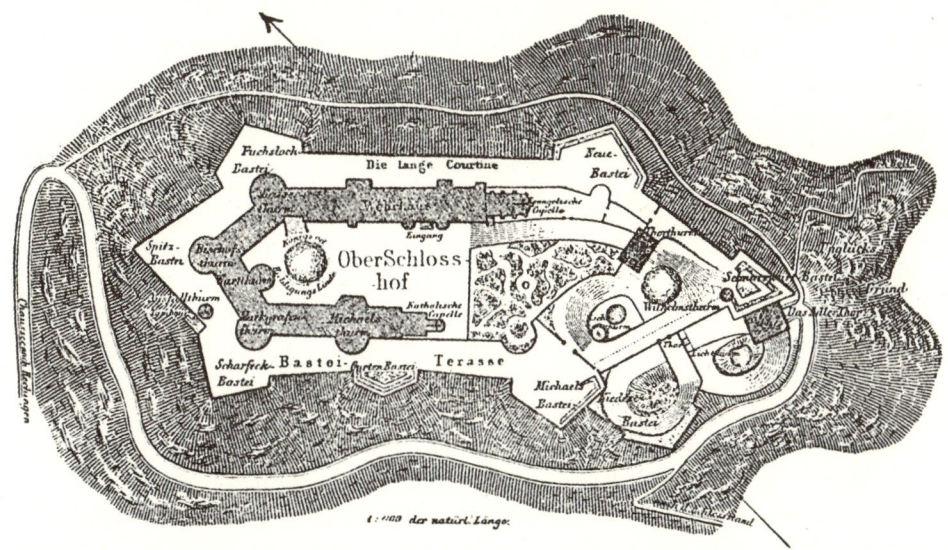

Abb. 12. Grundriss der Burg in ihrer heutigen Gestalt.

diese Gebäude und Mauern. Erst Jos Niclas I. gelang es, mit Hülfe seines Stammverwandten, des Markgrafen Albrecht Achilles von Brandenburg, und des Herzogs Albrecht von Österreich am 25. Mai 1454 (31 Jahre nach Zerstörung der alten Burg) den Grundstein zur neuen Burg zu legen und diese bis zum Jahre 1460 fertig zu stellen. Es hatte Albrecht Achilles den Kaiser Friedrich III. zu bewegen vermocht, das strenge Edikt seines Vorgängers aufzuheben, und unter dem 17. Januar 1453 die verbriefte Erlaubnis zu geben: »dass Graf Jos Niklas zu Zollern den Berg Zollern, das Burgstall und den Stock darauf, wann und zu welcher Zeit er wolle zu seiner Notdurft ungefährlich

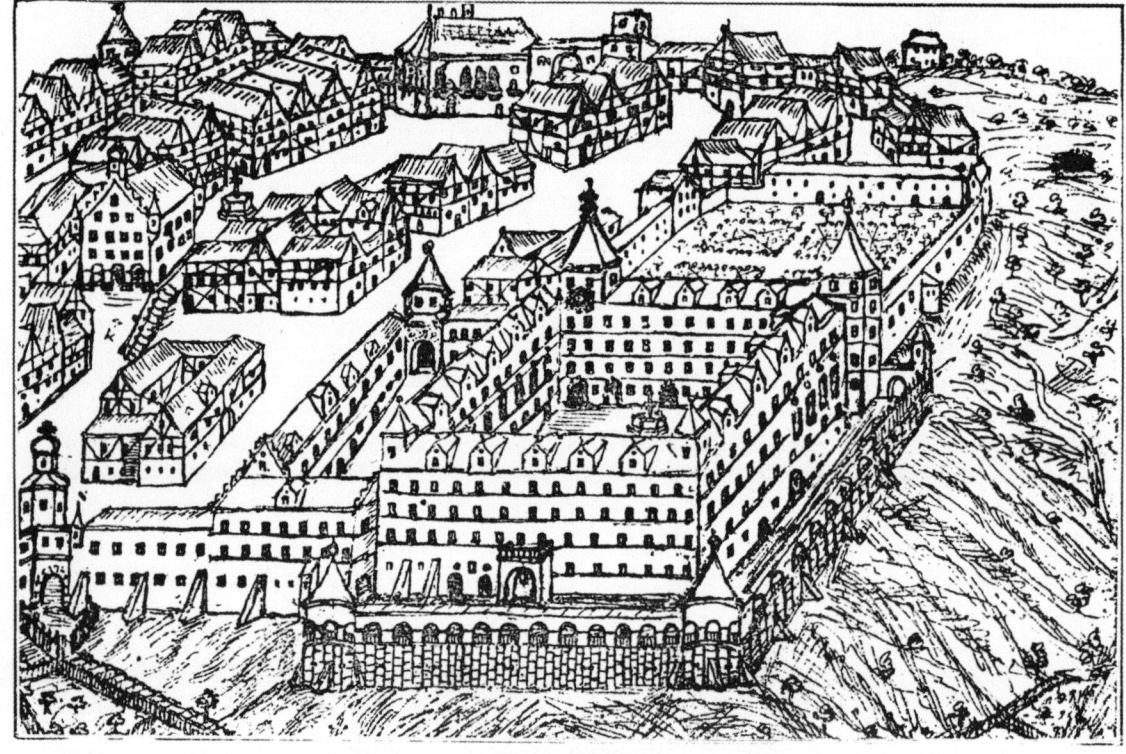

Abb. 13. Ansicht der Stadt Hechingen und des Schlosses aus der Zeit vor Mitte des 18. Jahrhunderts.

bauen mag, auch er und seine Erben, Grafen zu Zollern, denselben Berg und Schloss Zollern mit ihrem Zubehör inhaben und besitzen mögen unbehindert männiglich.«

Diese Burg des 15. Jahrhunderts erhielt sich, wenn auch zum Schluss nur in Resten, bis zum Jahre 1823, zu welcher Zeit man die Fundamente und Keller (Kasematten), die St. Michaelskapelle, auch den ziemlich gut erhaltenen Torturm vorgefunden und den sog. »Wartturm« neu aufgeführt hatte.

Über die Anlage der Burg im 17. Jahrhundert giebt uns Grundriss Abb. 11, über die heutige Burganlage der Grundriss Abb. 12 Aufschluss.

Das unweit des Zollers an seinem Fusse liegende Hechingen steht mit der Burg zwar nicht, wie etwa Sigmaringen oder Veringen mit ihren Burgen, in unmittelbarem Zusammenhang, gehört aber geschichtlich untrennbar zum Zoller

und war von jeher der Hauptort der Grafschaft Zollern. Bevor sich die Hattenhuntare, die spätere Grafschaft Zollern, von dem Muttergau der Perihtilinpara
(Scherragau) abtrennte, wird Hechingen schon als Hahhingum 786 genannt.

Dann heisst es 789 in der Hattenhuntare
Hachinga, im 12. Jahrhundert Hachingen, im
13. Hacchingen und Hächingen und seit dem
16. immer Hechingen. Der Name weist auf
einen Gründer der Ansiedelung Hacho hin.
Im Laufe der Jahrhunderte hat es mit dem
Zollernhause alle Freude, alles Leid getragen
Schon 1419 sah es neben der Burg auf dem
Zoller in seinen Mauern auch eine zollerische
Veste, »das Bürgle«, entstehen, das 1576 zu einem
schönen grossen Schlosse umgebaut wurde
(s. Abb. 13). Hechingen war vom 15. Jahrhundert
ab (1434) Residenz der Grafen von Zollern,
Fürsten von Hohenzollern-Hechingen. Wann
es Pfarrei wurde, lässt sich nicht feststellen,
doch wird es 1275 schon als Pfarrei aufgeführt,
hat aber ganz zweifellos schon länger vorher

1356.

Abb. 14. Siegel der Stadt Hechingen.
Umschrift: S' CIVIVM IN HECHIN-
GEN †.

als solche bestanden. Im Jahre 1298 wird zum erstenmal ein Schultheiss hier
genannt. Hechingen hat ein geschichtliches Recht, stolz auf seine Vergangenheit zu sein. So ist es keineswegs, wie so viele andere Städte im Mittelalter
— man darf nur an Sigmaringen, Haigerloch u a. denken — in Verkauf oder
Pfand aus einer Hand in die andere gegangen. Daher ist auch seine Geschichte
einfacher als die mancher anderer Stadt. Sodann ist sein Wappen das zollerische,
und dieser weiss-schwarz gevierte Schild nimmt als Wappen der Stammgrafschaft den Ehrenplatz als Herzschild im Wappen des deutschen Kaisers und
der Fürsten von Hohenzollern ein.

Abb. 15.

SIGMARINGEN.

Abb. 16. Fürstliches Schloss zu Sigmaringen.

Sehr weit in der Zeit müssen wir zurückgehen, um den Uranfängen des heutigen Sigmaringens, der Residenz der Fürsten von Hohenzollern, näher zu kommen. Lange bevor sich auf dem mächtig aus dem Donaubette steil empor-steigenden Felsen eine Sigmarsburg erhob, ist die Gegend bewohnt gewesen. Das bezeugen uns die Funde, welche bis auf die Steinzeit zurückweisen. Mächtige Grabhügel in den Waldungen unweit der Stadt beweisen, dass Sig-maringen zur Hallstadtzeit schon eine grössere Niederlassung besass. Ob der heutige Schlossberg mit der fürstlichen Residenzburg einst als Volksburg diente, lässt sich nicht mehr feststellen. Lage und Gestaltung sprechen dafür; auch der Umstand, dass schon seit vielen Jahrhunderten auf seiner Höhe sich eine Steinburg erhebt, lässt diese Vermutung wahrscheinlich erscheinen. Der kundige Blick der Erbauer der Volksburgen findet ja dadurch Anerkennung, dass das Mittelalter vielfach auf denselben Plätzen seine Steinburgen errichtete. Es ist durchaus nicht unwahrscheinlich, dass Sigmaringen in der La Tène-Zeit ein befestigter Platz war. Sein späterer und heutiger Name darf uns dabei nicht irre führen; giebt es doch eine Reihe von Ortschaften in Hohenzollern, deren Namen auf keltischen Ursprung hinweisen, und der südliche Teil des heutigen Hohenzollern bis zur Donau war jedenfalls vindelikisch. Es berichtet uns Ptolomäus im 2. Jahrhundert vor Christus von vier bedeutenden Orten an der oberen Donau, leider ohne Namen zu nennen. Näher weist ein anderer Schrift-steller, Edrisi, auf Sigmaringen hin, wenn er berichtet, dass an der oberen Donau, etwa 100 Meilen von Basel und 60 Meilen von Ulm, auf hohem, schroffem, in die Donau ragendem Felsen eine Stadt Eskindie gelegen sei. Dass man hierbei an Sigmaringen denkt, ist gar nicht ferneliegend.

Schreiten wir in der Geschichte aufwärts, so gelangen wir zunächst in die römische Zeit. Dass in ihr Sigmaringen eine Rolle spielte, ist ganz zweifellos. Dafür zeugen zahlreiche römische Funde,, die in der heutigen Stadt gemacht wurden, das beweisen römische Strassen, die ihr zustreben, und wenn auch der ehemalige Bergfried, der hochragende Schlossturm, der mit dem jüngsten Umbau des Schlosses von Emanuel Seidl neu aufgerichtet wurde, kein römisches Bauwerk ist, so mag die alte Überlieferung, er sei ein Römerturm, vielleicht darauf fussen, dass sich einst auf der Höhe des Schlossberges eine römische Warte erhob, wobei an ein römisches Kastell nicht gedacht zu werden braucht; denn für ein solches haben die Forscher der römischen Zeit hier keinen Anhaltspunkt.

Es war nach der Mitte des dritten Jahrhunderts, als das Bollwerk römischer Kriegskunst und römischer Ländergier, der Limes, von den Germanen durch-brochen und das bis dahin römische Land rechts vom Rhein, das Neckar-, Alb- und das obere Donaugebiet germanisches Eigentum wurde. Nicht gar so lange währte es, bis dass schwäbische Ansiedler sich hier in unserer Gegend sess-haft machten. Wann das an der Stelle der Fall war, die heute Sigmaringen heisst, kann nicht mit Bestimmtheit gesagt werden, doch jedenfalls Jahrhunderte früher, als urkundliche Nachrichten uns über Sigmaringen berichten. Wenn auch das zweite Jahrtausend anbrechen musste, bevor wir, 1077 zuerst, von Sigmaringen hören, so dürfen wir doch mit aller Bestimmtheit annehmen, dass die Ansiedlung um mindestens sechs- bis siebenhundert Jahre älter ist. Der Name Sigmaringen sagt uns, dass ein Sigmar Haupt der Sippe war, die die Ansiedlung gründete. Sigmar ist gebildet aus Sig (Sigin, Sigis) = Sieg und mar = berühmt, Sigmar also der Siegberühmte. Sigmaringen ist somit der Sitz der Sigmarssöhne, der Sigmarssippe. Dass Sigmaringen eine sehr bedeutende schwäbische Ansiedlung war, geht auch aus dem Umstand hervor, dass seine Markung, vor Abtrennung der Gemarkung Tiergarten, die grösste in Hohenzollern ist, wobei der Umstand Erwähnung verdient, dass die Orte in Hohenzollern auf ingen überhaupt die grössten Gemarkungen besitzen.

Die Wiedergabe des Namens hat sich im Laufe der Jahrhunderte wenig verändert. Das Wort wird geschrieben: 1077 Sigimaringin, 1083 Sigmaringen und Simeringen, 1183 und 1210 Sigemaringen, 1216 Sigimaringen, 1220 und 1231 wieder Sigmaringen, 1247 und 1263 Sigemeringen, 1273 und 1290 Sigemaeringen, 1325 Sigmaringen, ebenso 1392, dann 1278, 1391 und 1432 Sygmaringen. Wenn heute noch der Volksmund Simmeringa sagt, so trifft er, ohne es zu wissen, in der Endung die alte, echte Form; denn die ältesten Bewohner von Sigmaringen haben sich — und wurden von Anderen so geheissen — Sigmaringar und Sigmaringa genannt, was die Sigmarssöhne, das Sigmarsgeschlecht, die Sigmarssippe sagen will.

Abb. 17. Schloss Sigmaringen im Jahre 1872.

Nachdem die Schwaben das Land, dem sie für immer ihren Namen geben sollten, eingenommen hatten, teilten sie es in einzelne Bezirke. An der Spitze jedes Bezirks stand ein Oberhaupt, das anfangs wahrscheinlich aus freier Volkswahl hervorging, später aber, um die Mitte des achten Jahrhunderts, vom Könige gewählt, beziehungsweise belehnt wurde und als Graf (grav — grau) die öffentliche Gewalt ausübte. Auch Sigmaringen lag in einer solchen Hundert-schaft und diese trug zuerst den Namen Goldineshuntare, was auf den Personen-namen Goldin hinweist. Am Ende des 11. Jahrhunderts verschwindet dieser Name und an seine Stelle tritt die Bezeichnung Ratoldesbuch — von Buchen-wald des Ratold. Lange hielt sich dieser, man kann sagen, künstlich gesuchter Name nicht. Schon im 12. Jahrhundert nimmt der Gau seinen Namen von dem Hauptort und heisst seitdem bis 1806 Grafschaft Sigmaringen. Von den Grafen der Goldineshuntare kennen wir nur zwei: Udalrich 854 und Marquard 993. Welchem Geschlechte diese angehörten, lässt sich nicht mit Bestimmtheit sagen; dass sie mit den Ahnen der Grafen von Altshausen, denen wir als Grafen von Veringen später begegnen, versippt waren, ist wahrscheinlich.

Eine sichere urkundliche Nachricht über Sigmaringen erhalten wir zuerst 1077 und wir erfahren aus dieser Mitteilung, dass Sigmaringen damals eine feste Burg war. In dem Kriege Rudolfs von Schwaben gegen Kaiser Heinrich IV. belagerte ersterer die Burg zu Sigmaringen, entfloh aber, als er vernahm, dass Heinrich, es war um die Mitte Juni, von Ulm her zum Entsatze heranrücke.

Mit Ende des 11. Jahrhunderts treten uns die Besitzer von Sigmaringen und der Grafschaft näher; denn wenn es auch mit dem 11. Jahrhundert Sitte wurde, dass sich die hervorragenden Adelsgeschlechter nach ihren Burgen nannten, was bei der einen oder anderen Grafschaft insofern zu Irrtum führen kann, dass nicht immer die Burg, welche den Namen gab, auch in der Graf-schaft lag, so ist das aber hier nicht der Fall. Wir begegnen in der angegebenen Zeit drei Brüdern, Ludwig, Ulrich und Mangold, als Herren von Sigmaringen, und von diesen wird Ludwig auch der Graf des Bezirkes gewesen sein. Diese Brüder gehören vieler Wahrscheinlichkeit nach den untereinander verwandten Grafenhäusern Altshausen (später Veringen) und Bregenz an. Ludwigs Sohn Gottfried war Graf von Sigmaringen und Graf von Helfenstein.

Nach der Mitte des 13. Jahrhunderts, vielleicht um 1267, gelangte Sigmaringen in Besitz der Grafen von Montfort. Im Jahre 1272 nennt sich Graf Ulrich von Montfort auch Graf von Sigmaringen. Er gehörte einem sehr angesehenen und reichen Geschlechte an, das auch die Grafenrechte im Argengau besass.

Auffallenderweise verkaufte aber schon 1290 Graf Hugo, der Sohn des Ulrich, Burg und Stadt Sigmaringen an Albrecht und Rudolf von Habsburg.

Schon 1316 weist König Friedrich der Schöne Sigmaringen dem Grafen Eberhard von Württemberg als Pfandobjekt an, und 1325 verpfändet Herzog Lupold Burg und Stadt dem Grafen Ulrich von Württemberg. Es gelang den Herzogen in der Folgezeit nicht, die Pfandschaft wieder einzulösen, und so blieb Sigmaringen württembergisch bis 1459.

Es war ja das Los der Herrschaften, Städte und Dörfer im Mittelalter und auch noch später, durch Verkauf oder Verpfändung beständig die Herren zu wechseln. Daher sehen wir auch, wie die Städte und Gemeinden mit Zähig-keit darauf bedacht sind, Rechte für sich festzulegen, die der jedesmalige neue Herr anerkennen musste. So ist es erklärlich, dass sich kein wärmeres Ver-hältnis zwischen Herrschaft und Untertanen bilden konnte, dass Jeder nur auf seinen Vorteil bedacht war und langwierige Streitigkeiten zur Entfremdung bei-trugen.

Im Jahre 1399 übergab Graf Eberhard von Württemberg Sigmaringen, Burg, Stadt und ganze Grafschaft und dazu die Grafschaft Veringen seinem Oheim, dem Grafen Eberhard von Werdenberg. Die Grafschaft Sigmaringen übergiebt er als ein vollfreies eigenes Gut, das Niemanden zugehört, die Grafschaft Veringen dagegen »in der Maasse, als das unser Pfand ist von der Herrschaft zu Österreich«.

Im Jahre 1459 machte Elisabeth, Gräfin von Werdenberg, geborene Gräfin von Württemberg, an die württembergischen Verwandten Ansprüche auf ihr väterliches und mütterliches Erbteil. Da übergab ihr Ulrich, Graf zu Württemberg, die Grafschaft Sigmaringen ohne jede Einschränkung einschliesslich des Wiedereinlösungsrechtes seitens Württembergs.

Abb. 18. Siegel des Grafen Johann von Werdenberg. 1498. Umschrift: S. johans. grave. zu werdenberg v. zvm Hailgenberg. z. c. 1496.

Sollte Österreich seine Pfandschaftsrechte geltend machen, dann verpflichtet sich Württemberg, die Pfandsumme von 8000 Gulden, um welche die Grafschaft an Württemberg gekommen, auszuzahlen und noch 8000 Gulden dazu. Nur macht der Graf noch die Bedingung, dass Burg und Stadt Sigmaringen den Grafen von Württemberg in Notfällen offen stehe.

Für die späteren Herren der Grafschaft Sigmaringen, die Hohenzollern, war es von grosser Wichtigkeit, dass die Grafen von Werdenberg die neu erworbene Grafschaft nicht als vollfreies Eigen behielten, sondern es Österreich übergaben, um es als Reichslehen wieder zu erhalten. Dagegen sollte der Umstand, dass, im Falle des Aussterbens des Hauses Werdenberg im Mannesstamme, das Lehen auch auf die Töchter werdenbergischen Stammes übergehen könne, später zu Schwierigkeiten Anlass geben.

Im Jahre 1521 belehnte Kaiser Karl V. die Gebrüder Johann (Abb. 18), Christoph und Felix, Grafen von Werdenberg, zum letzten Male mit der Grafschaft Sigmaringen (und Veringen).

Johann starb schon 1522 kinderlos, Felix — der Legende nach wegen des von ihm verübten Todschlages an Graf Andreas von Sonnenberg (Scheer) (Abb. 20 u. 21) enthauptet — im Jahre 1530 (Abb. 19). Aus der Ehe des einzigen Werdenbergers, des Grafen Christoph mit der Markgräfin Eleonora von Mantua, waren zwar fünf Kinder hervorgegangen, aber alle gestorben ausser Anna, welche sich 1516 mit dem Grafen Friedrich zu Fürstenberg vermählt hatte.

Graf Joachim von Hohenzollern übersah die immer stärker werdende Wahrscheinlichkeit, dass das Haus Werdenberg im Mannesstamme ganz aussterben werde, nicht, und ging 1532 mit König Ferdinand einen Vergleich ein, wonach er diesem 15000 Gulden bar bezahlte, dafür aber die Grafschaften Sigmaringen und Veringen für seine Neffen, die Grafen Karl, Eitel Friedrich und Felix nach dem Aussterben der Werdenberger im Mannesstamme als Mann-

Abb. 19. Sühnetafel des Grafen Felix von Werdenberg am Hauptportal des fürstlichen Schlosses zu Sigmaringen.

lehen erhalten sollte. Es mag möglich sein, dass Graf Christoph von Werdenberg, der überhaupt als ein Sonderling geschildert wird, dem Plane nicht unwohlwollend gegenüberstand, wiewohl seine einzige Tochter an den Grafen von Fürstenberg verheiratet war, weil die genannten hohenzollerischen Grafen seine Stiefsöhne geworden. Er hatte nämlich in zweiter Ehe Johanna von Börseln, Tochter des angesehenen reichen Philipp von Wittem, eines Niederländers, Witwe des Grafen Eitel Friedrich III, von Hohenzollern, der 1525 zu Pavia fiel, geheiratet. Dass auch sie bemüht war, die schönen Grafschaften für ihre Söhne zu gewinnen, ist sehr natürlich. Tatsächlich stand Graf Felix von Werdenberg dem Plane, die Grafschaften den Zollern zuzuwenden, wohlwollend gegenüber. Als nun Graf Christoph 1534 gestorben war und die Grafen

Abb. 20. Siegel des am 10. Mai 1511 von Graf Felix von Werdenberg erschlagenen Grafen Andreas von Sonnenberg (Scheer). Umschrift: S. andre graf zvo Sonenb(e)rg. t. z. w.

von Hohenzollern Anspruch an die Grafschaften Sigmaringen und Veringen auf Grund des Vertrags von 1532 machten, da erhob Fürstenberg auch Anspruch und stützte sich auf die Urkunde Kaiser Friedrichs III. von 1460, in welcher der weiblichen werdenbergischen Nachkommenschaft ebenfalls Nachfolge im Lehen zugesagt worden. Es lag aber ein Österreich-Werdenberger-Vertrag vom Jahre 1482 vor, welcher jene Erweiterung aufhob und die beiden Grafschaften zu einem Mannlehen des Hauses Österreich machte. Trotzdem gab es zwischen Fürstenberg und Hohenzollern Streitigkeiten wegen den genannten Grafschaften, bis auch diese, hauptsächlich durch den Pfullendorfer Vertrag von 1540, beigelegt wurden. So fielen die Grafschaften Sigmaringen und Veringen an das Haus Hohenzollern, um diesem nicht mehr entfremdet zu werden. Der erste Hohenzollern, der über die Grafschaften herrschte, war Karl I., der Stammvater aller späteren Hohenzollern fürstlicher Linie. Seit jener Zeit weht auf dem Schlosse zu Sigmaringen die Zollern-Fahne.

Es wäre noch die Frage zu erörtern, wann Sigmaringen Stadt geworden. Den genauen Zeitpunkt, wann das geschah, wissen wir nicht. Aber eine Grenze rückwärts, wann Sigmaringen Stadt gewesen sein muss, kann angegeben werden, das ist 1275, weil in dem Jahre zuerst ein Schultheiss H. von Sigmaringen als

Abb. 21. Rüstung des von Graf Felix von Werdenberg erschlagenen Grafen Andreas von Sonnenberg.

Zeuge genannt wird, dem wir 1290 abermals als Heinrich der schulthaize von

Sigemäringen mit Heinrich, genannt Veseman von Sigemäringen begegnen. Aus dem Umstand, dass Sigmaringen stets der Hauptort der ehemaligen Goldineshuntare, der Grafschaft Sigmaringen, war, kann man schon die Vermutung hegen, dass es verhältnismässig früh Stadt wurde.

Zur annähernden Bestimmung des Alters von Sigmaringen als Stadt kann uns auch das Wappen derselben dienlich sein. Dieses Wappen zeigt einen goldenen Hirsch in rotem Feld. Hieraus lassen sich nun Folgerungen schliessen. Erstens legte sich Sigmaringen kein Wappen an, bevor nicht der vorher Burg genannte Ort Stadt wurde. Zweitens muss dieses Wappen, das uns im ältesten Stadtsiegel von 1316 erhalten ist, schon vor 1267/1275 bestanden haben; denn mit diesem Jahre werden die Grafen von Montfort Herren der Grafschaft. Mit dem Montforter Wappen, der Kirchenfahne, hat aber das Wappen der Stadt nichts gemein. Wohl aber weist sowohl das Bild, der Hirsch, wie auch die Farben Gelb-Rot auf das Dynastengeschlecht hin, das vor den Mont-

1316.

Abb. 22. Siegel der Stadt Sigma-ringen. Umschrift: S.'CIVITATIS SIGMARINGEN.

forter die Grafschaft inne hatte. Das Sigmaringer Stadtwappen war auch Grafschaftswappen, denn es ist bezeichnend, dass Grünenberg in seinem 1485 vollendeten Wappenbuch, wo doch die alten Grafen von Sigmaringen längst ausgestorben waren, das Wappen des »Grauff von Sigmaringen« als goldenen Hirsch in rotem Felde wiedergiebt. Daher führen denn auch mit Recht die Hohenzollern in ihrem grossen Wappen als Grafen von Sigmaringen den goldenen Hirsch in rotem Felde. Das Wappen der Stadt Sigmaringen geht somit bis an die Zeitgrenze von 1230 zurück, über welche hinaus Städtewappen Seltenheiten sind. Es ist zu bedauern, dass die Stadt erst in neuerer Zeit von diesen Farben ihres altehrwürdigen Wappens abgegangen ist, und es darstellt: goldener Hirsch in blauem Felde. In Folge dessen ist auch die in der Neuzeit angenommene Fahne Gelb-Blau gar nicht die Flagge der Stadt Sigmaringen, sondern es muss diese die Farben des Wappens haben: Gelb-Rot, und zwar Gelb oben. Es kann der Stadt Sigmaringen aber nur zur Ehre gereichen, dasselbe Wappen zu führen, das im grossen

Abb. 23. Hauptportal (mit Poterne) des fürstlichen Schlosses.

Wappen der Hohenzollern, und zwar sowohl der königlichen Linie, also in dem des deutschen Kaiserhauses, wie auch der fürstlichen Linie, deren Flagge nun schon fast drei und ein halb hundert Jahre über ihre Gemarkung weht, Aufnahme gefunden hat; die Flagge Gelb-Blau kann hierauf durchaus keinen Anspruch erheben. — —

Es ist nicht unser Zweck, einen Baubeschrieb des jetzigen im östlichen Teil vollständig umgebauten Schlosses zu geben, vielmehr soll versucht werden, auf Grund früherer Aufnahmen und örtlicher Nachforschungen den Kern der alten Burganlage, soweit dies heute noch möglich ist, herauszuschälen.

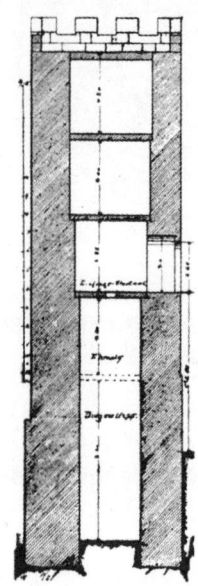

Die alte Burg ist auf dem mittleren Teil des jetzt ganz bebauten schmalen Felsrückens zu suchen, und bedeckte eine Grundfläche von annähernd 45 m Länge und 20 m Breite. Der übrige Teil des Felsens war nicht bebaut und durch eine Abschlussmauer, zugleich Wehrmauer, dem Felsrand folgend, eingefasst. Der Burgeingang lag auf der Südwestseite. Das Burgtor, halbkreisförmig, jetzt noch erhalten, 2,25 m breit, aus schön bearbeiteten Bogensteinen, steht hart neben dem mächtigen, in den unteren Teilen noch unveränderten viereckigen Bergfried, der aus starken Buckelquadern mit Randschlag aufgeführt ist. Dieser Turm von 8,23 m und 8,38 m Seitenlänge springt einerseits 4 m, andererseits 5 m über die westliche Ringmauer vor. Er war ursprünglich 4 Stockwerke hoch. Das unterste Stockwerk, 3,30 m im Licht weit, zugleich Burgverliess, hat gegen Westen eine Mauerstärke von 3 m gegen die übrigen Seiten von 2,50 m. Das Eingangsstockwerk darüber, 4 m im Licht weit, hat eine Mauerstärke von 2,50 m bezw. 2,0 m und zeigt noch die alte rundbogige

Abb. 24. Schnitt durch Eingangspforte von 0,85 m Lichtweite gegen den ehemaligen
den Bergfried. Burghof. Die Eingangspforte liegt etwa 8 m über dem Burghof. Der Bergfried sitzt auf Felsen und mag auf der Nordwestecke eine Höhe von 23 m, auf der Südwestecke von 26 m, je bis zur Plattform gemessen, gehabt haben. Die ehemaligen Fensteröffnungen sind durch die mehrfachen Durchbrüche und Mauerveränderungen nicht mehr erkennbar, doch wird mit Ausnahme des Burgverliesses jedes Stockwerk ein Fensterlicht nach verschiedenen Seiten gehabt haben.

Von der Südseite des Turmes zog die Ringmauer, aus starken Buckelquadern, auf Felsen ruhend, wie jetzt noch sichtbar, mit abgerundeter Ecke in nordöstlicher Richtung vor dem Burghof hin, und schloss wohl unter rechtem Winkel an dem Felsunterbau, etwa in der Mitte des jetzigen Leopoldsbaues, an. Die Stützmauern des dort gegen Nordosten liegenden sog. Burggärtchens sind, wie das Burggärtchen selbst, später entstanden, und bedecken wohl den einstigen Zugang von der Mühle zur Burg (s. unten). Nahe bei der abgerundeten Ecke zeigt sich noch eine kleine bogenförmige Öffnung in der Wehrmauer. Es ist anzunehmen, dass die Wehrmauer oben mit einem Wehrgang mit Schiessscharten abgeschlossen war, der etwa auf der Höhe der jetzigen Waffenhalle zu suchen ist. Nicht mehr mit Sicherheit festzustellen ist der Zug der Ringmauer gegen Norden, vom jetzigen Fürst Wilhelm-Bau bis zum Felsunterbau des Leopoldsbaues. Nur in der Mitte an einer abgeschrägten Ecke zeigte sich ein Mauerstück von Buckelquadern, das auf die alte Mauer hinzuweisen scheint; der Rest ist durch das Burggärtchen verdeckt. Bei Herstellung der Unterbauten für die neue portugiesische Gallerie wurde in einem Abstand von ungefähr 10 m von der äusseren oben beschriebenen Ringmauer eine 1 m starke Mauer aus

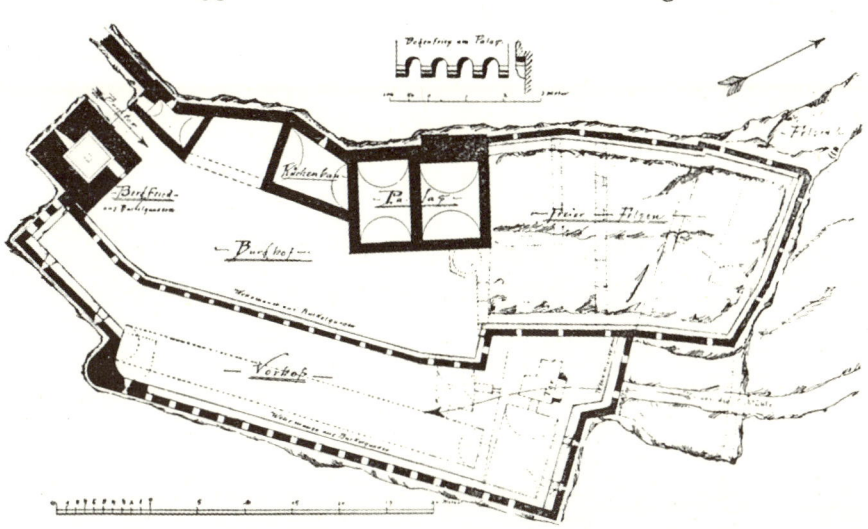

Abb. 25. Wiederherstellungsversuch des Grundplans der mittelalterlichen Burg.

schönen Buckelquadern aufgedeckt, die vom Hauptturm herkommend in paralleler Richtung mit der äusseren Wehrmauer zu verlaufen und an der südöstlichen Ecke des jetzigen Leopoldsbaus anzuschliessen schien. Hiernach darf wohl angenommen werden, dass dem oberen 10 m breiten Burghof später ein Vorhof vorgelegt wurde, der ungefähr 6 m unter dem oberen Burghof lag. Die älteste Burganlage bestand somit nur aus dem Turm (Bergfried) mit Tor-eingang und Torhaus, Küchenbau, Palas und der Ringmauer, welche gegen Süden die aufgedeckte, jetzt nicht mehr sichtbare Mauer aus Buckelquadern bildete und einen kleinen Burghof einschloss. Innerhalb dieses Burghofes muss auch der ehemalige Brunnen zu suchen sein, von welchem sich jedoch keinerlei Reste vorgefunden haben.

Sollte aber die tiefer gelegene äussere Wehrmauer gleichzeitig mit der ersten Anlage entstanden sein, so müsste der hierdurch geschaffene Vorhof einen direkten Zugang von aussen gehabt und wohl auch zwischen Burghof und Vor-hof eine Verbindung mittelst Treppe oder Rampe besessen haben Der direkte Zugang des Vorhofes von aussen wird nicht auf der Südwestseite, wo ohnehin der schwächere Teil der Burg lag, sondern eher auf der Nordseite von der ehe-maligen Mühle her zu suchen sein. In der nördlichen Aussenwand des sog. Vehmgerichts, etwa 6 m unter dem Boden des Burggärtchens, ist jetzt noch eine nischenartige Öffnung von etwa 2 m Lichtweite sichtbar, die als Eingangs-tor von der Mühle her angesehen werden könnte. Das Burggärtchen selbst ist, wie oben schon bemerkt, samt dessen Stützmauern aus späterer Zeit. Es wäre deshalb wohl denkbar, dass auf der Nordostseite ein wenn auch schmaler und steiler Reitpfad — der Haupteingang auf der Südwestseite zeigt heute noch eine

Steigung von mehr als 15% — zum Vorhof führte. Ein senkrecht abgespitzter Felsen am Fusse der nordöstlichen Stützmauer des Burggärtchens lässt diese Annahme wahrscheinlich erscheinen.

Wie lange diese Burganlage bestanden hat, lässt sich nicht mehr feststellen Als das Bedürfnis einer Vergrösserung eintrat, wurde diese durch Überbauung des bis dahin noch freien nordwestlichen Teils des Felsens befriedigt,

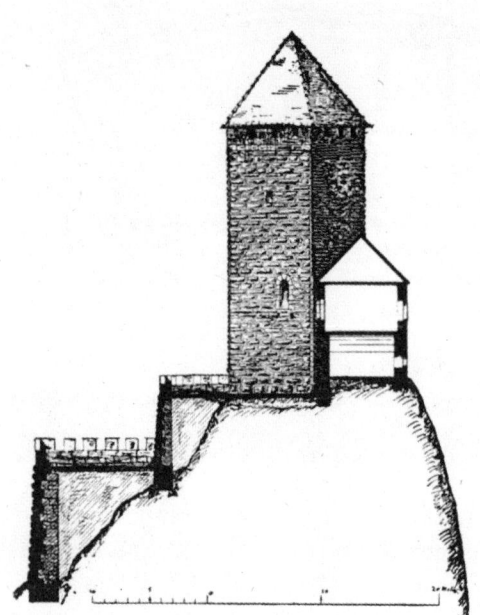

jedoch unter Benützung der alten dem Lauf des Felsens folgenden Ringmauer. Die Felsen innerhalb der zu schaffenden Räume wurden nur insoweit entfernt, als dies dringend erforderlich war. So entstand zunächst Ende des 15. Jahrhunderts unter den damaligen Besitzern von Werdenberg der vordere (westliche Teil) des Leopoldbaus mit einem Wendeltreppentürmchen in der Hofecke, auf dessen spätgotischem mit Bogenfries profiliertem Türsturz die Jahreszahl 1499 jetzt noch ersichtlich ist. Dieser Bau hatte in seinem südlichen Teil (der alten Waffenhalle) eine Durchfahrt mit 2 Toren (westlich und östlich) zur Verbindung des kleinen Hofes mit dem Burghof; ferner an der damaligen nordöstlichen Aussenseite 2 kleinere Rundbogenfenster und eine schmale Eingangstüre. Der nördliche Teil dieses Baus fasste noch den Felsen etwa 2 m hoch stehend in

Abb. 26.   Der Bergfried (Hofseite).   Schnitt durch Burghof, Vorhof und Palas.

sich. Diese Seite der Burg wurde beim Wiederaufbau des abgebrannten Hochschlosses aufgedeckt und der Felsen innerhalb des Baus behufs Schaffung weiterer Räume mühsam gesprengt. Durch einen gegen Süden im spitzen Winkel zulaufenden Hof von dem eben genannten Gebäude getrennt stand ein zweiter, annähernd rechteckiger Bau, der ebenfalls auf der alten, etwa 1,25 m starken Ringmauer aufgeführt wurde, gegen Norden und Süden Steingiebel hatte, auch Spuren von Wandmalereien an den Aussenwänden zeigte. Die beim Abbruch teilweise wieder freigelegten Fenster zeigten einfache spätgotische Profilierung mit steinernen Mittelpfosten. In diesem Gebäude liegt eine steinerne Wendeltreppe mit profilierter Spindel und die Schlosskapelle. Diese Bauten wurden im dreissigjährigen Krieg durch die Schweden in Brand geschossen und später in der Weise, wie sie bis zum letzten Brand (1893) bestanden, unter einem grossen Dach vereinigt, mit Zuziehung des dazwischen liegenden kleinen spitzwinkligen Hofraumes, jedoch so, dass die beiden ehemals vorhandenen Giebel (südlich und nördlich) wieder zum Ausdruck kamen. Bei weiterem Raumbedürfnis konnte die Befriedigung desselben nicht mehr nach Nordosten, sondern musste nach Südwesten erfolgen.

So entstand Anfang des 16. Jahrhunderts der noch erhaltene Torbau und im Beginn des 17. Jahrhunderts die Verbindung mit dem alten Hauptturm durch

Abb. 27. Ansicht des inneren Schlosshofes in seiner neuen Gestaltung.

Überwölbung der alten Burgeinfahrt (Poterne). Der Torbau zeigt zwei kräftige Tortürme mit Schiessscharten, unten und oben vieleckig, im oberen Teil durch eine Bogennische verbunden, darüber eine Plattform mit steinerner Geländerbrüstung. Der Bau wurde von den Werdenbergern errichtet. Das über dem Eingangsportal befindliche Steinrelief ist eine gediegene Arbeit aus dem Jahre 1526 von ausgesprochenem Renaissancecharakter (Abb. 19). Die Mitte der durch zierliche Pilaster eingerahmten mit flachem Bogen überspannten Nische nimmt eine ausdrucksvolle Pietà ein, zu deren Linken ein Ritter in reicher Rüstung kniet. Rechts das werdenberg-heiligenbergische Wappen. Der Hintergrund zeigt ein reiches Teppichmuster. In dem flachen Bogen zwischen Laubgewinden ein Spruchband mit der Inschrift: »Mater Dei memento mei«. In den Bogen-

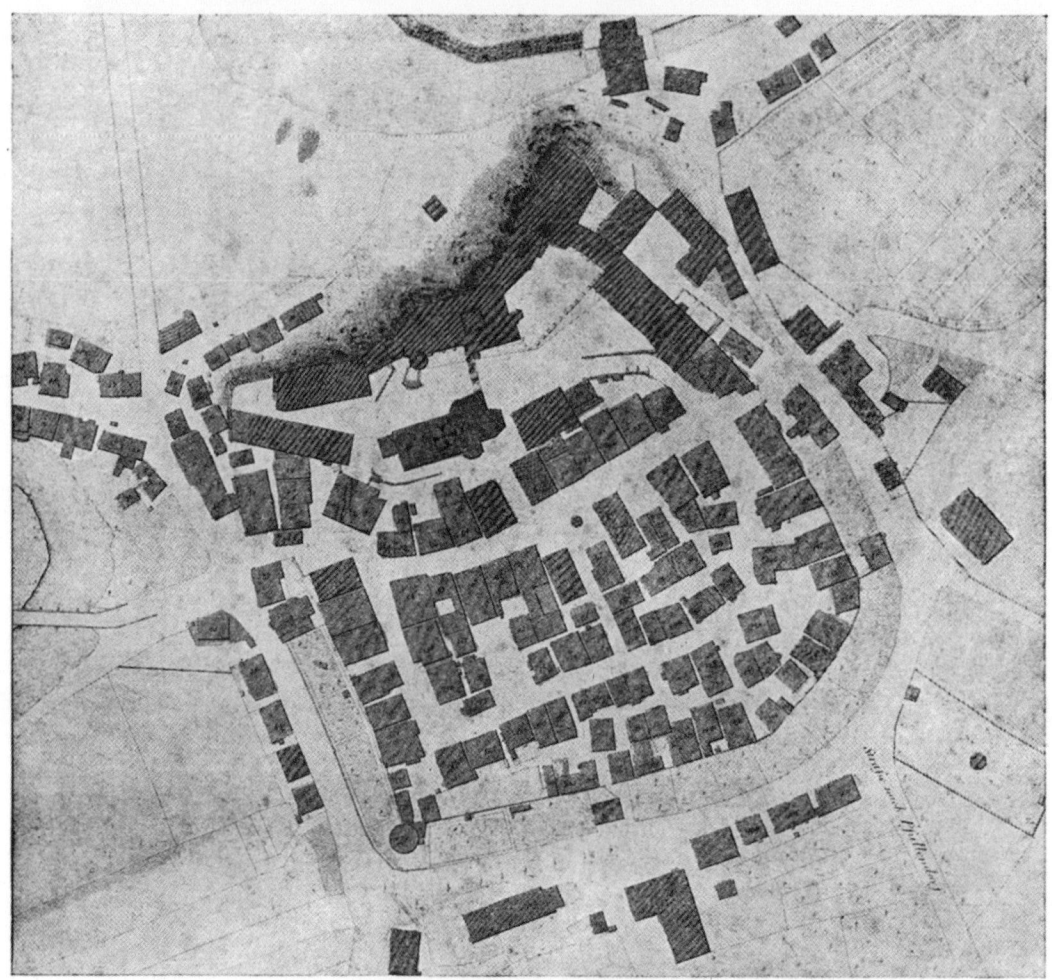

Abb. 28. Grundplan der Stadt Sigmaringen.

zwickeln sitzen Drachenfiguren. Am untern Rand die Inschrift: »Felix graff zu werdenberg vn zu dem hailgenberg. 1526.« Die Bemalung ist angeblich erneuert. Über dem Relief ein hohenzollerisches Wappen und oberhalb desselben ein Ölbild. Der Aufbau hierüber bis zum Hauptturm und der Bau an der Südseite des Turmes entstand im Jahre 1627. Im fürstlichen Archiv befindet sich ein Vertrag mit Meister Hans Albertal von Dillingen wegen »Abbruch des Fachwerks am grossen Turm und den beiden Seiten, sowie dem weitern Teil und den zwei vorderen Türmen«. Albertal scheint auch die Mauer der jetzigen Waffenhalle erneuert zu haben.

Einem nochmaligen Umbau wurden die westlichen Teile, die heute mit dem Sammelnamen Fürst Josephs-Bau bezeichnet werden, im Laufe des 18. Jahrhunderts unterworfen. Zu den Um- und Erweiterungsbauten der zweiten Hälfte des 19. Jahrhunderts bis heute gehören: die Kunsthalle, Marstall mit Wagenhaus, die mehrfachen Veränderungen des Hauptturmes und der kleinen Türme im Schlosshof, der Wiederaufbau des Leopoldsbaues, der Neubau der portugiesischen Gallerie und der Um- und Erweiterungsbau des Küchenbaus mit Anbauten. Auch wird zur Zeit dem Wilhelmsbau (Kavalierbau) auf der Südostseite ein Turm (Maria Theresia-Turm) vorgesetzt, und auf der Nordostseite ein Flügelbau hergestellt.

Unter der machtvollen Hut dieses uralten Bollwerks liegt die Stadt Sigmaringen, einst stark befestigt und durch Mauern und Gräben geschützt. Von der Stadtbefestigung sind heute noch namhafte Reste sichtbar, so auf der Südwestecke ein Rundturm, im Volksmund »Rondell« genannt. Die Stadtmauer hatte eine Höhe von etwa 6 m und eine Stärke von 1,20 m. Östlich und westlich lagen die Haupttore, das östliche, das Mühltor, war durch einen Torturm geschützt. Ausserdem lag gegen Süden, in der Mitte der Umwallung, ein kleines Törchen, das sog. Milchtörle, welches die Verbindung mit der ausserhalb der Stadtmauer gelegenen fürstlichen Sennerei herstellte. (Früher hiess die heutige Weingasse das Milchgässle, ein Namen, den man seiner ortsgeschichtlichen Bedeutung wegen hätte beibehalten sollen.) Ebenfalls ausserhalb der Mauer am Weg nach Hedingen lag der Friedhof, in dessen Mitte eine Kapelle stand (Abb. 28).

HAIGERLOCH.

Wenn wir von der älteren Geschichte der Schalksburg in ihrer Beziehung zu den Vorfahren der 1061 auftretenden Zollern, weil sie doch immerhin mehr oder weniger auf Annahmen beruht, absehen und nur das urkundlich Bewiesene gelten lassen, so hat Haigerloch das Recht, sich zeitlich und der hausgeschichtlichen Bedeutung nach sogleich neben den Zoller zu stellen. Zeitlich — gewiss. Der Name de Zolorin tritt im Jahre 1061 auf und lässt mit aller Bestimmtheit auf eine Burg schliessen, der die Zollern den Namen gaben; von der Burg selbst ist aber noch nicht die Rede. Bei Haigerloch jedoch wird schon 1095 von einer Burg — in castro Heigirloch — gesprochen. Und hausgeschichtlich — nicht minder. Es ist gerade, als sollten die ersten Nachrichten über die Zollern sich gegenseitig ergänzen, um ein echtes, vollständiges Bild mittelalterlicher Recken in ihren charakteristischen Eigenschaften zu geben: auf der einen Seite: lodernde Kampfesfreudigkeit, die mit hartem Schwertschlag dem Gegner Todeswunden schlägt und auf der anderen Seite asketische Frömmigkeit, die in Hingabe von

Abb. 27. Ansicht von Schloss, Kirche und Unterstadt Haigerloch.

Gut und Besitztum an die Kirche, ja sogar in demutsvoller Erniedrigung der eigenen Person als Laienbruder eines Mönchklosters Sühne für die begangenen Sünden leisten will. Diese ersten Nachrichten lauten: Burkhard und Wezel de Zolorin fallen 1061; Adalbert de Zolro, Graf von Heigirloch, ist Mitstifter des Klosters Alpirsbach und Mönch daselbst 1095—1101.

Es ist eine merkwürdige Zeit, dieses Ende des 11. Jahrhunderts. Der erbitterte, hartnäckige Streit zwischen Kaiser und Papst hatte ganz Deutschland, und Schwaben nicht am wenigsten, in wilde Parteikämpfe gestürzt. Das Für oder Gegen den Kaiser, das Mit oder Wider den Papst zerriss nicht nur das ganze Land in feindliche Gegensätze, die nicht, wie heutigen Tages, wenn möglich, auf diplomatischem Wege ausgetragen, sondern mit dem allezeit in der Scheide lockeren Schwerte ausgefochten wurden; es warf den Brand der Zwietracht und der Feindschaft selbst zwischen die Angehörigen derselben Sippe hinein. So entstand nicht nur ein Krieg der Grossen und ihrer Heere gegen einander, auch die Anhänger der beiden sich um die Oberherrschaft streitenden Mächte, des Kaisers, wie des Papstes, befehdeten sich mit grimmem Hasse in der eigenen Familie. Da ward viel Blut vergossen, Raub, Mord und Brand verübt, Greuel auf Greuel gehäuft, nicht Alter noch Stand geschont, und weder die Kaiserlichen, noch die Päpstlichen hielten den Fuss vor heiliger Stätte zurück, wenn es galt, den Gegner zu schädigen und sich selbst zu bereichern. Und nun aber das Merkwürdige! Gerade in jener Zeit entsteht eine grosse Anzahl von Klöstern, gestiftet vom Adel, gestiftet von demselben Adel, der das Schwert kaum noch aus der Hand legte. Noch mehr! Man gründete nicht nur Klöster und Kirchen, sondern trat auch vielfach selbst in erstere als demütiger, weltentsagender Mönch ein, und der einst selbst befohlen, musste nun gehorchen, der, dem knechtische Arbeit nach alter deutscher Überlieferung unehrlich erschienen, diente nun dem Kloster in der Küche, in der Mühle, auf dem Felde als Hüter der Heerden und sonst mit niederen Diensten. Auch Adalbert von Zollern hatte mit dem Kaiser gegen den Papst das Schwert gezogen. Er war mithin ein Feind des Papstes. Und dennoch sehen wir ihn am Ende seines Lebens nicht nur als Mitstifter der Abtei Alpirsbach, sondern der mächtige, angesehene Graf, der schon in vorgerücktem Lebensalter steht, verlässt Frau und Kinder und tritt als Mönch, als Laienbruder in dasselbe Kloster ein. »Er en wolte nicht me herren noch grafen namen han«, wie es von einem Grafen von Nellenburg heisst, der zu jener Zeit ebenfalls in ein Kloster (Schaffhausen) trat.

In welchem verwandtschaftlichen Verhältnis Adalbert, Comes de Heigirloch, zu den 1061 gefallenen Burkhard und Wezel de Zolorin gestanden hat, können wir nicht sagen. Aber zweifellos sicher ist, dass er wie diese ein Zoller war; denn an erster Stelle nennt er sich de Zolro. In durchaus willkürlicher Weise ist angenommen worden, er sei ein Sohn des Wezel de Zolorin. Mit demselben Rechte können wir ihn aber auch Bruder oder Vetter desselben nennen; denn daran hindert uns ein Unterschied der Jahre, nicht. Genug für uns die Tatsache: Adelbert der Zoller, der 1095—1101 genannt wird, ist Graf von Haigerloch. Auch sein Sohn Wecil (Wezel, Wezelo) nennt sich de Zolra und Graf von Haigerloch. Er wird von 1115—1162 erwähnt. Mit dessen Sohn Adalbert erlischt diese Zollern-Haigerlocher Linie und damit endet auch der erste Abschnitt der Geschichte der Grafschaft Haigerloch.

Bevor wir in ihrer Geschichte weitergehen, wollen wir in Kürze den Namen der Stadt erklären und einen Blick werfen auf ihr Alter. Ehe die Grafschaft **Haigerloch** hiess, hatte sie einen anderen, echten Gaunamen, den wir aber nicht mehr kennen. Der Name wird geschrieben: 1096 Heigerloh, 1125—1146 Haigirlô, Heigerlô, Heigirlô, Hairloch, Haggerlo, Hegerlo, Hegerlo, 1152 Heigirloch, 1246 Haigerloch, 1299 Haggerloch. Um 1300 schwankt die Schreibweise zwischen Hagerloch und Haigerloch, bis letztere Bezeichnung die übliche wurde. Nicht feststeht, wie der Name abzuleiten ist. Die Einen denken an heir = heiger = Hüter und loch = loh = Wald, Wald der Hüter. Andere meinen, Haigerloch sei das Reiherholz von Hegir oder Heigir der Reiher. Erwägt man, dass Haigerloch jedenfalls eine alte schwäbische Ansiedlung ist und diese vielfach in ihren Namen auf den Begründer derselben zurückführen, so neige ich mich der Ansicht (Förstemann) zu, der an den Personennamen Hahigar denkt. Eine ähnliche Zusammensetzung eines Personennamens mit dem Wort loh = Wald finden wir in der Gemarkung Gammertingen, in dem Flurnamen Gammenloch = Wald des Gamhart oder des Gamo.

Betreff des Alters ist uns bis jetzt die Grenze 1095 gegeben, wo Haigerloch zuerst genannt wird. Aber wir haben das Recht, aus dieser Mitteilung zu schliessen, dass Haigerloch damals schon lange bestanden hat; denn es heisst in dem genannten Jahre, dass ein Schenkungsakt vorgenommen wurde, in castro Heigerloch super reliquias martyris s. Georgii. Wir erfahren mithin, dass Haigerloch 1095 schon ein befestigter Ort war und dass er zum mindesten einen Altar, sei es nun in einer Kirche oder in einer (Burg-) Kapelle, besessen hat. Ferner können wir aus dem Rechtsakt von 1095 schliessen, dass damals Haigerloch schon die Dingstätte der Grafen von Haigerloch war, weil derartige Rechtssachen an der Dingstätte erledigt wurden.

Da komme ich nun zu einer, meines Wissens, bis jetzt noch nie angeregten Frage. Wo lag die Burg? Die ehemalige Burg der Grafen von Haigerloch und der Grafen von Zollern-Hohenberg lag nicht auf dem rechten Eyach-Ufer, sondern auf dem linken Flussufer, und der heute noch stehende sogenannte Oberstadt-Turm, früher Römer-Turm genannt, ist nichts anderes, als der Bergfried der alten Burg, die sich hier erhob. Da, wo heute Schloss und Pfarrkirche in malerischer Lage hoch über dem Eyachtal sich erheben, stand allerdings auch eine Burg, beziehungsweise eine Vorburg der Hauptburg, der Sitz des nach Haigerloch genannten Ministerialengeschlechts. Der jetzige Schlossbau auf der Höhe des rechten Ufers stammt erst aus viel späterer Zeit und zwar aus der Periode, wo Haigerloch zum dritten Male zollerisch wurde, um von da ab zollerisch zu bleiben.

In wessen Besitz ging nun die Grafschaft Haigerloch nach Aussterben der Grafen von Zollern-Haigerloch über? Zweifellos fiel sie zunächst an das Stammhaus Zollern, das sich noch nicht verzweigt hatte, zurück. Wohl erfahren wir in der Zwischenzeit mancherlei Wichtiges über Haigerloch. So, dass es 1237 einen Pfarrer besitzt und 1245 Dekanatssitz ist; wir sehen, dass es städtischen Charakter hat, denn 1237 wird ein Schultheiss H. hier aufgeführt — aber von seinem Herrschaftsverhältnis hören wir nichts, bis erst über hundert Jahre nach dem Tode des Grafen Wezel von Haigerloch.

Im Hause Zollern hatte sich unterdessen jene wichtige Teilung vollzogen, von der wir unter IV Näheres berichten. Diese war auch für die Grafschaft

Haigerloch von wesentlicher Bedeutung. Bemerkenswerter Weise wurde bei der Teilung ein wertvolles Stück aus dem den Hohenbergern zugewiesenen Scherragau ausgeschnitten, nämlich die spätere Herrschaft Schalksburg mit Balingen, uralter zollerischer Hausbesitz, und, nebenbei bemerkt, auch die Herrschaft Mühlheim an der Donau mit der Vogtei über das gegen Ende des 11. Jahrhunderts gegründete Augustiner-Chorherren-Kloster Beuron.

Die Hohenberger scheinen nun auch die Grafschaft Haigerloch beansprucht zu haben, von der man in jener Zeit noch wissen konnte, dass sie einst zur grossen Perihtilinpara, dem Scherragau, gehört habe. In der Folge entstehen zwischen den Zollern-Hohenberg und den Zollern-Zollern Streitigkeiten, die viele Jahrzehnte dauerten und zu blutigen Zusammenstössen führten.

Von dem Herrschaftsverhältnis der Grafschaft Haigerloch um jene Zeit, wo sich die Hohenberger ihren neuen Burgsitz gründeten, in der zweiten Hälfte des 12. Jahrhunderts, wissen wir aber noch nichts. Es ist immerhin auffallend, dass die Zollern-Hohenberg neben ihrem neuen Namen noch lange sich auch Grafen von Zollern nennen, selbst als Herren von Rottenburg auftreten, was aus verschie-

Abb. 30. Oberstadtturm.

denen Rechtshandlungen hervorgeht, die in Haigerloch unter den Grafen von Hohenberg vorgenommen wurden.

Die Sache liegt allem Anscheine nach so, dass Haigerloch ein Condominium, ein gemeinschaftlicher Besitz der beiden Linien war, den Einer dem Andern zum Alleinbesitz nicht einräumen wollte, bis die Waffen entschieden. Am 1. November 1267 kam es bei Haigerloch zu einem scharfen Treffen zwischen den Zollern-Zollern und den Zollern-Hohenbergern. Zwei chronikalische Quellen schreiben den Zollern-Zollern den Sieg zu, während eine dritte Chronik als Sieger die Zollern-Hohenberger nennt. Sind die Ersteren tatsächlich Sieger geblieben — die Quellen lassen kaum anders annehmen — dann muss es aber ein Pyrrhos-Sieg gewesen sein; denn — und darauf ist Nachdruck zu legen — die Zollern-Hohenberg treten jetzt erst recht als Herren in Haigerloch auf. Schon im nächstfolgenden Jahre 1268 wohnt zwei Rechtshandlungen, die von dem Grafen Albert von Hohenberg vorgenommen werden, der Schultheiss von Haigerloch bei, und 1273 sind die Brüder Albert und Ulrich Grafen von Hohenberg zu Haigerloch Zeugen bei einem Rechtsakt. Von jetzt ab sehen wir die Grafen von Hohenberg nicht nur im ungestörten Besitz von Haigerloch, sondern finden sie auch häufig zu Haigerloch, wie sie daselbst Hof halten.

Mit Graf Albert II. von Hohenberg (1258—1298), dem Minnesänger und Schwager Rudolfs von Habsburg, brach für Haigerloch eine glänzende Zeit an.

Sehr häufig hält der Graf und seine Brüder Hof daselbst, wobei eine Anzahl hohenbergischer Ministerialen um ihn versammelt ist. Auch sind viele Freunde und Verwandte Gäste der Grafen dort.

Dass der Name Haigerloch mit der Bezeichnnng von Hohenberg damals allgemein gang und gebe war, beweisen auch die Dichtungen und Turnier- wie Festebeschreibungen. So singt Johannes von Würzburg um 1314 in seinem Gedicht: Herzog Wilhelm von Österreich mit Bezug auf den Grafen von Hohenberg:

> Von Rotenburg grav Czoller
> Von Hohenberg, von Heygerloch.

Hier werden dem Hohenberger alle vier Namen gegeben, die zu führen er ein Recht hatte, begründet in der Abstammung und im Besitz. Albert II. wird überhaupt häufig von den Dichtern der Haigerlocher genannt, ja, er führt bei ihnen sogar diesen Namen allein, woraus die Folgerung gezogen werden darf, dass der Name Haigerloch in jener Zeit besonders guten Klang besass. — Trotz der glänzenden Höhe, welche das Haus Hohenberg erreicht hatte, wir können sagen, als Erbteil des Stammhauses Zollern ihm mitgegeben worden war, sank es doch immer mehr und unaufhaltsam von dieser herab. Es ist das ja eine Erscheinung, die wir bei so vielen ehemals mächtigen Dynasten wahrnehmen können. Aus nächster Nähe bieten sich Beispiele in den Grafen von Veringen, von Helfenstein, von Montfort, von Tübingen u. n. a. m. zur Genüge dar. Bei den Hohenbergern ist es weniger eine an Torheit grenzende Verschwendungs- und Grossmachtssucht, wie bei den Vorgenannten, sondern ein Erbfehler des Zollernhauses im Mittelalter, der diesem so viel geschadet: Teilen und immer wieder teilen. Dadurch zersplitterte sich das so reiche Hausgut, ein Besitz, der in einer Hand vereint, die Familie zu den mächtigsten in Deutschland zu machen im Stande war. Auch Haigerloch, das mit dem 14. Jahrhundert ganz in der Grafschaft Hohenberg aufgegangen war und seinen Charakter als eigene Grafschaft verloren hatte, musste hierunter leiden. Im Jahre 1354 kam Stadt und Burg Haigerloch durch Verpfändung an die Gräfin Ursula, Witwe des Grafen Hugo von Hohenberg, und als diese in zweiter Ehe einen Grafen von Montfort heiratete, an die Montfort, welche 1367 die untere Stadt an Württemberg als Pfand abtraten. Mehrere Male in kurzer Zeit wechselte Haigerloch seine Besitzer, da die Hohenberger die Pfandschaft zwar wieder einlösten, aber in Folge ihres ganz unwirtschaftlichen Verhaltens sie auch wieder verloren. Das letztemal befindet sie sich 1375 in Händen des Grafen Rudolf, der sie in demselben Jahre teilweise und 1381 ganz und endgültig an Österreich verkaufte.

Graf Rudolf erhielt Haigerloch mit der verkauften Herrschaft Hohenberg als Leibgeding zurück, aber mit dem Vorbehalt des Eigentumsrechtes seitens Österreichs. Jedoch 1386 gab er es schon wieder ab an die Grafen von Sulz. Im Jahre 1392 tritt Herzog Leopold von Österreich die beiden Städte und Burgen zu Haigerloch an Konrad von Weitingen für 9615 Gulden, die ihm dieser geliehen, als Pfand ab. Aber auch dort blieb es nicht, sondern wechselte beständig die Besitzer, bis es 1453 von der Erzherzogin Mechtild eingelöst wurde, die es als persönliches Eigentum innehatte. Im Jahre 1488 finden wir dann die Herrschaft Haigerloch wieder im Besitz des Hauses Österreich selbst. Nun aber nahte sich der Zeitpunkt, wo Haigerloch vom beständigen Besitzwechsel zur dauernden Ruhe gelangen sollte.

Im Jahre 1432 heiratete Graf Eitel Friedrich I. von Hohenzollern Ursula von Räzüns und erwarb hierdurch die in Graubünden liegende angesehene Herrschaft gleichen Namens. Das sollte für Haigerloch von grosser Tragweite werden und ihm zum Segen ausschlagen. Des genannten Grafen Enkelsohn Eitel Friedrich II. (1452—1512) war ganz der Mann dazu, den alten Glanz des Zollernhauses wieder herzustellen. Er war es, der den ersten Erbverbrüderungsvertrag mit dem stammverwandten Hause Brandenburg 1488 schloss — seine Gemahlin war eine Markgräfin von Brandenburg — und bei dem Reichsober-haupte, dem er sehr wichtige Dienste tat,

Abb. 31. Haigerlocher Stadtwappen.

Friedrich III, und besonders Maximilian I., stand er in hohem Ansehen. Eitel Friedrich ging mit dem Gedanken um, die dem Stammhause im Laufe der Jahrhunderte entfremdeten Besitzungen wieder an Zollern zu bringen. Mit Hohenberg gelang es ihm nicht — er starb zu früh für das Zollernhaus — wohl aber mit der Herrschaft Haigerloch, die er 1497 von Kaiser Max, dem er bedeutende Summen vorgestreckt hatte, gegen die Herrschaft Räzüns eintauschte. So kam Haigerloch wieder an Zollern zurück und blieb von da ab in dessen Besitz. Im 30jährigen Krieg drohte Haigerloch nochmals Entfremdung an Württemberg. Der schwedische Kanzler Oxenstirna, der sich als guter Bundesgenosse Württembergs bewies, wollte auf Wunsch des Herzogs Eberhard Haigerloch an Württemberg ausgeliefert wissen. Im westfälischen Frieden wurde diese Schenkung, die Schweden nichts gekostet hätte, nicht bewilligt.

Hieran möchte ich noch eine Bemerkung anknüpfen mit Bezug auf Haigerloch im Titel der Fürsten von Hohenzollern. Der Fürst von Hohenzollern nennt sich auch u. a. Herr zu Haigerloch (und Wehrstein). Richtiger sollte es heissen: Graf zu oder von Haigerloch. Die Gaugrafen besassen ursprünglich ihre Sprengel nicht als persönliches Eigentum, waren mithin nicht die Landesherren, sondern nur die Vertreter des Königs in der Verwaltung und der Rechtspflege. Wenn es auch Anfangs nicht rechtlich ausgesprochen war, dass das Grafenamt erblich sei, so wurde es doch so gehalten, dass man dem Sohne, dem Nächst-Versippten das Amt des Vaters liess. Hieraus entwickelte sich fast naturgemäss die tatsächliche Erblichkeit, die umso grösseren Wert hatte, als die Grafschaften reichsunmittelbare Bezirke waren. Aber damit wuchs auch die Begehrlichkeit der Grafschaftsinhaber. Sie strebten darnach, ihre Bezirke, ihre Gaue zu territorialen Herrschaften umzugestalten, und zwar um so eifriger, als manche Grafen es vermocht, andere nachbarliche Grafen und Edelherrn zu beseitigen. Sie fingen daher an, von ihren Grafschaften als Dominum, Territorium, Herrschaft zu sprechen, oder auch sich comes dei gratia zu nennen, womit sie sich als Landes-herren, als Besitzer der Territorial-Hoheit bezeichnen wollten. So lag es auch im Interesse der Grafen von Hohenberg, die Erinnerung an den alten Gaugrafschaftsverband durch Beseitigung des Namens Grafschaft auszumerzen. Und nun zu Haigerloch! Da, wo Haigerloch in der Geschichte auftritt, heisst es Grafschaft und Grafschaft bleibt es auch solange als ihre ersten Besitzer, die Grafen von Zollern-Haigerloch leben. Dann fällt es als Grafschaft an das Stammhaus Zollern zurück und geht, immer noch Grafschaft, später im 13. Jahrhundert, an die Grafen von Zollern-Hohenberg über. Noch im 14. Jahrhundert wird Haigerloch von einem Geschichtsschreiber comitatus, also Grafschaft genannt. Wenn auch in der Folgezeit dann die Grafschaft Haigerloch nach und nach in Hohenberg aufging, so hat dennoch die Bezeichnung Grafschaft für Haigerloch volle geschichtliche Begründung und damit auch der Titel: Graf von Haigerloch. — —

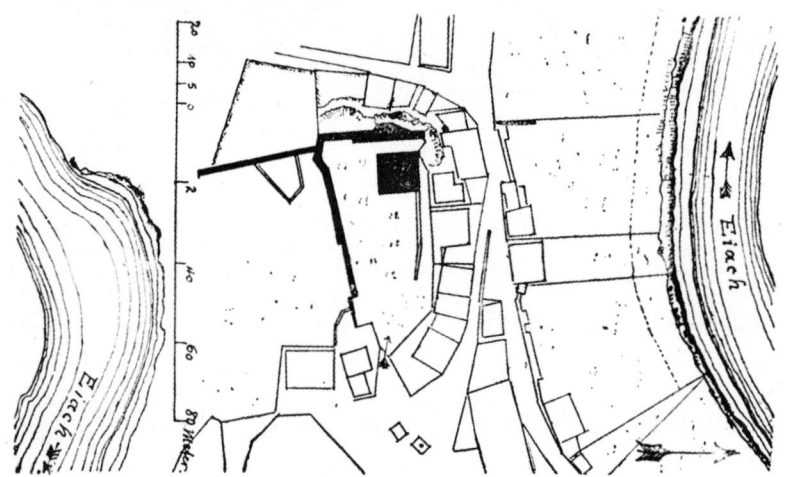

Abb. 32. Oberstadtturm mit seiner ehemaligen Burganlage.

Die älteste mittelalterliche Burganlage ist nicht auf dem rechten Ufer beim jetzigen Schloss, sondern auf dem linken Ufer bei dem in den unteren Teilen noch erhaltenen hochgelegenen Oberstadtturm, früher Römerturm genannt, zu suchen. Die Burganlage ist äusserst geschickt in die Mitte zwischen die beiden Eyachufer an die schmalste Stelle zwischen steile Felsufer gesetzt und beherrscht sowohl die rückwärtige Bergseite mit der Strasse nach Weildorf wie auch den nördlich jenseits der Eyach liegenden Felsrand. Von der westlichen Ringmauer führten einst Flügelmauern nördlich und südlich bis zu den Flussufern hinab, deren Reste jetzt noch sichtbar sind. Die nördliche Flügelmauer fasste das obere Tor mit Torturm in sich. Das obere Tor stand unter dem Schutze des Bergfrieds. Burganlage samt Flügel-

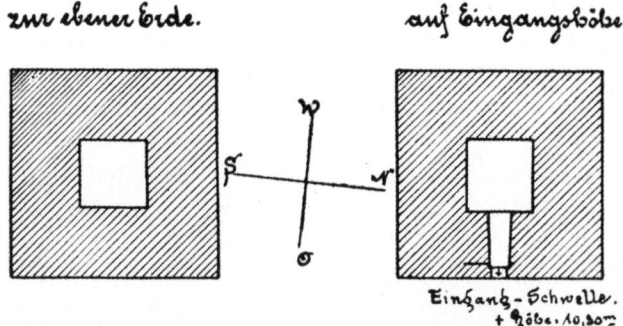

Abb. 33. Grundrisse Oberstadtturm.

mauern schlossen den östlich gelegenen, ganz von der Eyach umspülten Teil gegen den Berghang vollständig ab. Auf diesem Teil entstand die Oberstadt. Der Eingang zur eigentlichen Burg wird auf der Ostseite des Burgberings zu suchen sein. Die Ringmauer ist gegen Süden zugleich als hohe Stützmauer noch sichtbar. Auf der Ost- und Nordseite fehlt die Ringmauer, auf der West-seite ist solche noch erkennbar, jedoch durch moderne Anbauten teilweise zerstört und verändert. An der höchsten Stelle nahe der westlichen Ringmauer liegt der Bergfried, ein mächtiger quadratischer Quaderbau von 10,75 m Seitenlänge mit stark ausladenden Bossen. Er zeigt auf der Ostseite etwa 10,80 m über dem Boden den ursprünglichen rundbogigen Zugang aus schön bearbeiteten Bogensteinen, riegels deutlich sichtbar. links und rechts unter der Die Mauerstärke im Eingangs-Schwelle die Balkenlöcher stockwerk beträgt 3,5 m. der ehemaligen Plattform. Das Burgverliess darunter

Die Eingangsöffnung ist war etwa 11 m tief und 0,88 bezw. 1,10 m breit und fensterlos. Der ursprüngliche ist mit einem Tonnengewölbe Kranz und Abschluss des aus schön bearbeiteten Turmes ist nicht mehr fest-Quadern überdeckt. In der zustellen. Die Höhe bis zur Türleibung sind die Öff- jetzigen Plattform beträgt nungen zum Einstossen und 19,3 m. Der Turm hatte nach Festhalten des Schluss- einer älteren Darstellung über

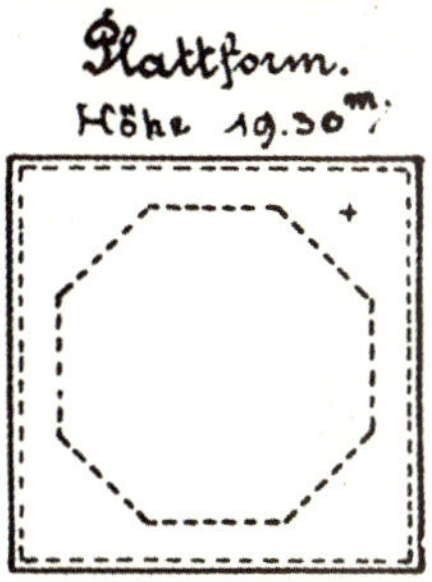

Abb. 34 Grundriss Oberstadtturm.

der Plattform ein hölzernes Stockwerk mit sichtbarem Holzwerk und Giebel mit Abwalmung. Um die Mitte des achtzehnten Jahrhunderts wurde der Turm zu einem Glockenturm umgebaut und der Helm aufgesetzt, wie er sich zur Zeit noch zeigt.

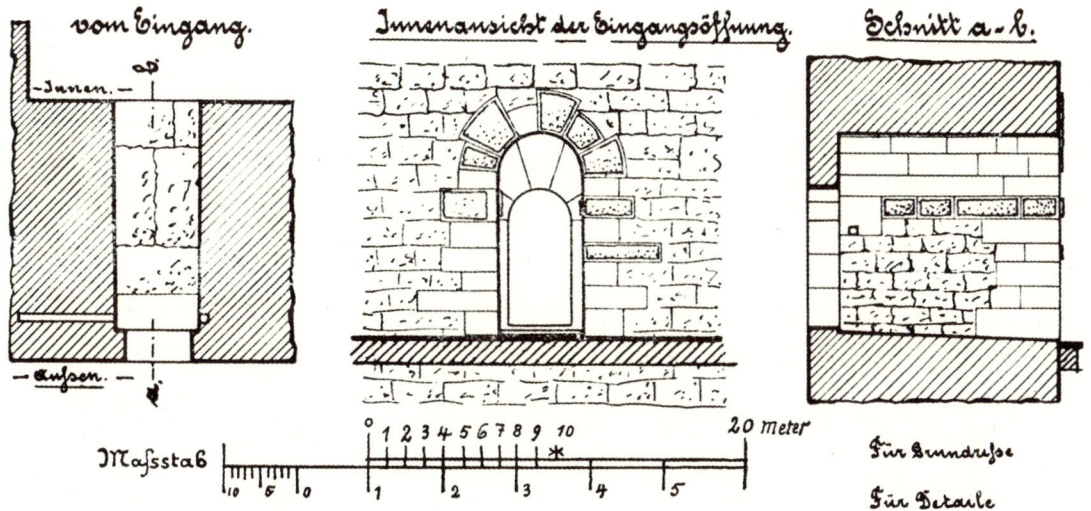

Abb. 35. Schnitt und Innenansicht der Eingangspforte des Oberstadtturms.

Zu derselben Zeit wurden die grossen Rundbogenfenster nach vier Seiten ausgebrochen. Der achteckige Aufbau diente als Wächterhaus. Verschiedene Steinmetzzeichen sind am Äussern des Turmes vorhanden.

Etwas flussabwärts auf dem linken Ufer der Eyach, hart bei der oberen Brücke, liegt das sogenannte »Schlössle«, jetzt Brauerei.

Nördlich der alten Burganlage auf dem rechten Ufer erhebt sich die jetzige grosse, sehr malerisch auf hohem Felsen gelegene Schlossanlage mit kühn vortretender Schlosskirche (Chor gegen Süden). Der auf der Westseite liegende ehemalige Burgsteig führt durch ein quer vorgelegtes Torhaus und ein Rund-

Abb. 36. Haigerloch, Schlössle.

bogentor am Torhäuschen vorbei zum geräumigen Schlosshof. Links vom Toreingang liegt das grosse Fruchtkastengebäude, an den äussersten Felsrand gesetzt. Dieses hat auf der Hofseite in der Mitte des Baus einen vorspringenden Treppenturm mit steinerner Wendeltreppe nebst steinernem Handgriff an der Mauerseite, an welchem Steinmetzzeichen eingehauen sind. Das gleiche Zeichen findet sich an den Eckquadern der äusseren südöstlichen Gebäudeecke. Das obere Stockwerk, ein grosser, freier Raum, ist durch eine Säulenstellung (eichene, gefaste Holzsäulen) in zwei Teile geteilt. Darüber liegen noch weitere Fruchtböden. Nördlich anschliessend der obere Torturm, zugleich Glockenturm, mit dem Tor gegen die Strasse nach dem Seehof und Trillfingen; östlich von diesem das Hofkaplaneigebäude, weiter östlich das jetzige Oberamtsgebäude; beide Gebäude nach Norden hart an die hohen Felsen stossend. Südlich vom Oberamtsgebäude liegt der sog. neue Bau mit einem kleinen Vorhof gegen Nordosten.

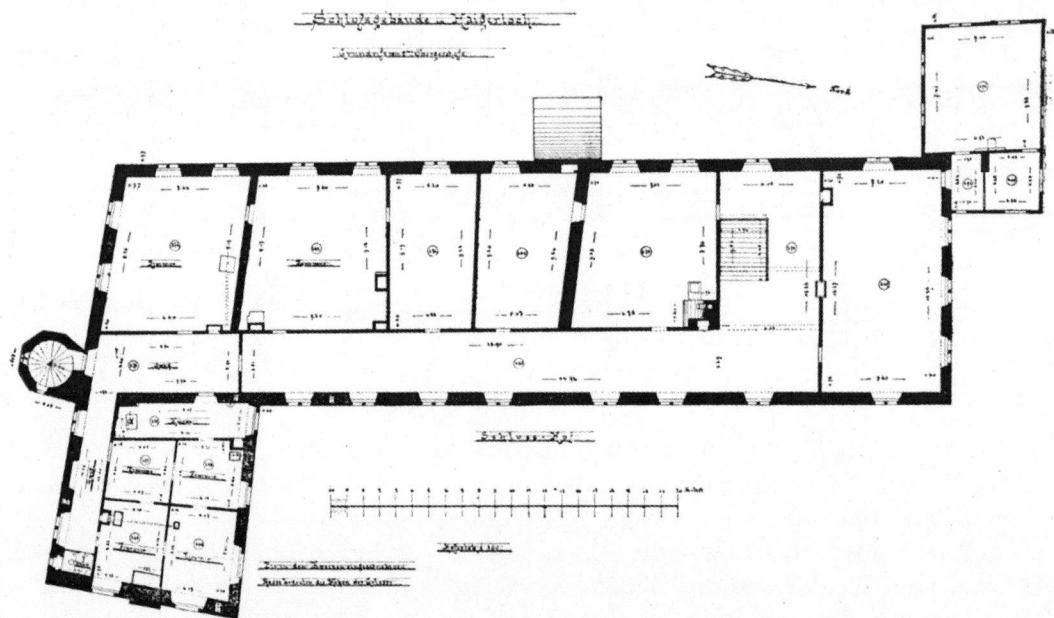

Abb. 37. Schloss auf dem rechten Ufer. Grundriss des zweiten Obergeschosses.

Den Schlosshof schliesst östlich eine auf
den äussersten Felsrand gesetzte Brust-
wehr ab, südlich bildet das eigentliche
Schloss und das ehemalige Burgvogtei-
gebäude den Abschluss. Das Schloss-
gebäude aus dem Ende des 17. Jahrhunderts, ein massiver dreistockiger Bau
mit grossem gewölbtem Schlosskeller,
zeigt eine Steintreppe und breite Gänge
nach der Hofseite. Im zweiten Obergeschoss liegt ein kleiner Saal. Über

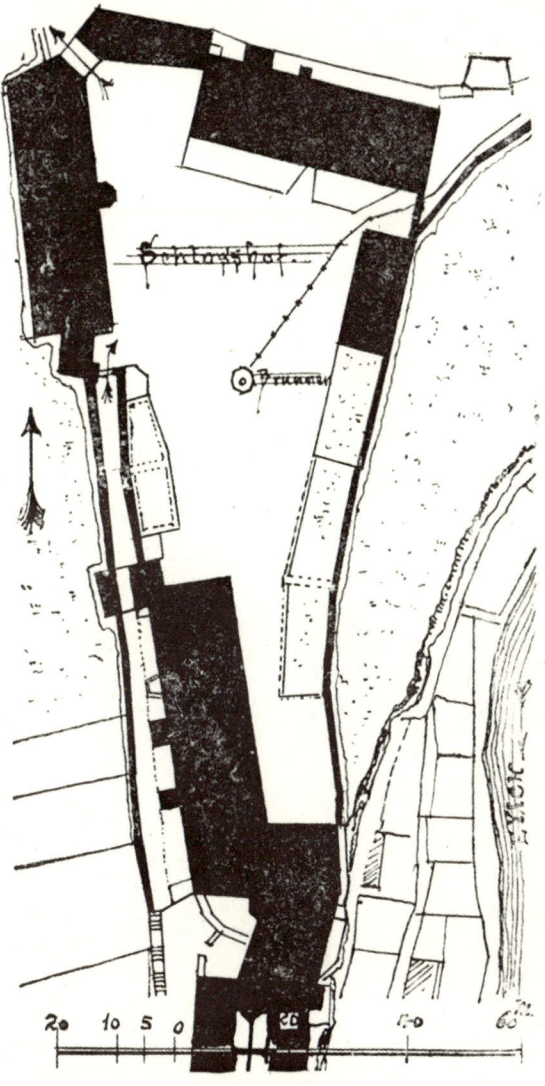

Abb. 38. Haigerloch, Fruchtkasten
oberer Torturm und Hofkaplaneigebäude.

Abb. 39. Übersichtsplan des Schlosses
auf dem rechten Ufer.

einer Türe des Vorplatzes daselbst in einer geschweiften Füllung ist die Jahreszahl 1697 zu lesen. Einige Räume zeigen grobe Barockornamente. Über dem
Eingangstor zum Wirtschaftsraum im Erdgeschoss im Schlussstein ein hohenzollerisches Wappen. An der Aussenseite der Stützmauer beim Torhaus befindet
sich ein steinerner Wasserspeier (Tierkopf) mit den Jahreszahlen 1585 und 1699,
dazwischen der Buchstabe F.

HOHENBERG.

Abb. 40. Der Oberhohenberg.

»Also was einest nit zu erobern gewesen, das getraut man jetzt nit wol zu erhalten, sic mutantur tempora et mores.« So klagt in bezeichnender Weise die zimmerische Chronik. Nicht eine der zollerischen Burgen ist so gänzlich verschwunden, wie Hohenberg, einstmals der Sitz eines mächtigen Grafengeschlechtes, der Zollern-Hohenberg. Grausamer, rücksichtsloser als die Einwirkung von Jahrhunderten ist der Mensch. Die Natur umhüllt in schützender Liebe altehrwürdige Reste vergangener menschlicher Kulturtätigkeit mit Moos, Schlingpflanzen, Strauchwerk und selbst Bäumen und bildet daraus Humus als erhaltende Decke; der Mensch, der sich Träger der Kultur nennt, zerstört mit den Werkzeugen, die ihm jene im Laufe der Jahrhunderte gegeben, hart und

rücksichtslos, was frühere Zeiten überliefert. So brach zunächst wilde Kriegs-
wut die Hohenberg-Burg, auf der Albert der Minnesänger seine Lieder dichtete,
wo Rudolf von Habsburgs tugendsame Frau Gertrud geboren worden und der
später deutsche Herrscher seinen ritterlichen Schwager, den eben genannten
Minnesänger, besuchte, um 1286 das Weihnachtsfest dort zu feiern und eine
Handlung zu begehen, die so ganz im Sinne der Erinnerungsfeier an die Geburt
des Heilands — Friede auf Erden den Menschen — dahin ging, der jahrelangen
Fehde zwischen den Zollern-Hohenberg und den Zollern-Zollern ein Ende zu
machen. Und dann als der grimmige Zorn der Rottweiler die Burg 1449 gebrochen, die stolze Grafenburg, die aber damals schon lange den Grafen von
Zollern-Hohenberg nicht mehr gehörte, zum geringen Burgstall herabgesunken
war, da verschwanden die einst so weit ausgedehnten Mauern immer mehr;
denn die umwohnenden Bauern brachen Stein um Stein, um sie zu Bauzwecken
zu verwenden, und als 1747 das »Gut Hohenberg« in Besitz der Jesuiten zu
Rottweil übergegangen war, da errichteten diese mit den noch vorhandenen
Steinen verschiedene landwirtschaftliche Gebäude.

Burkhard, Graf von Zollern (1125—1150), der Sohn Friedrich I. de Zolra
(† um 112?), ist der Stifter der Linie Zollern-Hohenberg. Es war keine gute
Sitte des Mittelalters, dass sich in angesehenen, reich begüterten Familien der
Besitz spaltete, wenn die verschiedenen Söhne eines Vaters jeder für sich eine
Dynastie gründete. Das Haus Zollern, fruchtbar wie es war, machte von der
Zeit an, wo es in der Geschichte auftritt, solche Familien- und Besitzspaltungen
nur zu viele durch.

Mit einer einzigen Ausnahme sind die Teilungen für das Stammhaus
Hohenzollern ungünstig ausgefallen. Diese einzige Ausnahme bildet die Abzweigung der zollern-nürnbergischen Linie, der zollerischen Burggrafen, aus
welchen sich das mächtige Geschlecht des brandenburg-preussischen Königshauses
entwickelte. Und es ist bemerkenswert, dass diese Abzweigung vom Urstamme,
die unter den Söhnen Friedrich III. (um 1200) sich vollzieht, für das
Stammhaus keine Besitzschmälerung herbeiführte; denn das Burggrafentum mit
den fränkischen Gütern, die Konrad I. von seinem vorgenannten Vater erhielt,
rührten von dessen Gemahlin Sophia, der Erbtochter des Grafen Konrad II.
von Raabs, Burggrafen von Nürnberg († ca. 1191) her, also von keinem Besitz
in den schwäbischen Stammlanden.

Ganz anders bei der Abzweigung von Hohenberg, die um beinahe drei-
viertel Jahrhundert früher geschah. Sie hatte eine Zersplitterung des zollerischen
Hausbesitzes im Gefolge, wie nie zuvor und nie nachher. Andere Teilungen,
die noch bis in das 16. Jahrhundert vorkommen, brachten doch wenigstens nach
Aussterben der abgetrennten Familienzweige, dank den in späteren Zeiten ein-
gerichteten Hausgesetzen — Fideikommiss-Bestimmungen kannte das frühere
Mittelalter ja leider nicht — die mitgenommenen Besitzungen wieder an das
Stammhaus zurück. Nicht so bei den hohenbergischen Zollern und bedauer-
licher Weise auch bei den schalksburger Zollern nicht. Als die hohenberg-
zollerische Linie sich abzweigte, da erhielt sie bei der Teilung des Stammgutes
einen hervorragend grossen und wertvollen Teil. Es ist der südwestliche Teil
der schwäbischen Alb, heute alles württembergisches Gebiet, wo wir Hohen-

berg zu suchen haben. Heuberg heisst der Gebirgszug, der, wenn auch rauh, doch von vieler Naturschönheit ist. Die Uebereinstimmung des Namens Heuberg mit Hoher Berg ist nicht zutreffend; auch mit Heu hat der Name nichts zu tun. Dagegen wird angenommen, dass das Wort Heuberg von hauen, schlagen (howe, how) herrührt, und wir auf dem Heuberg an einen uralten Waldwirtschaftsbezirk zu denken haben. Auf der höchsten Kuppe dieses Teiles des Heuberges, der europäischen Wasserscheide, etwa 1 Kilometer von der Oberamtsstadt Spaichingen, erhebt sich oberhalb des Pfarrdorfes Deilingen der Oberhohenberg, auf dessen Kuppe einstmals die weitausgedehnte Burg der Grafen von Hohenberg stand. Diese Burg wird 1179 erstmals genannt und zwar wurde sie von Graf Burkhard von Zollern erbaut, der ihr den Namen Hohenberg gab, ein Name, der in den deutschen Landen lange hohen Klang hatte. Es ist uralter zollerischer Besitz, in dem wir uns hier befinden. Scherragau hiess der Herrschaftsbezirk, bevor ihm die Zollern-Hohenberg von ihrer neuen Stammburg den Namen Grafschaft Hohenberg gaben, und über den Scherragau geboten die Ahnen der Zollern höchst wahrscheinlich im schon 9. Jahrhundert. Ganz zweifellos, weil urkundlich bewiesen, ist Graf Friedrich I. von Zollern 1113 Graf des Scherragaus.

Strahlend ging der Stern der Zollern-Hohenberg auf, und fast schien es, als sollte die neue Linie des Altzollern-Hauses die Stammverwandten auf der Wiege des Geschlechtes in den Hintergrund drängen und ihren Glanz verdunkeln. Statt gemeinsam an der Grösse ihres Stammhauses weiterzubauen, stark genug, mit den Zähringer und Stauffer zu wetteifern, schädigten sie einander, wo sie konnten, und mehrfach riefen sie in ihren Streitigkeiten den Entscheid der Waffen an. So stossen die Zollern-Zollern mit den blutsverwandten Zollern-

Hohenberg am 1. November 1267 unweit Haigerloch in blutigem Kampfe aufeinander, und neunzehn Jahre später kommt es abermals zu einem mörderischen Treffen bei Balingen, bei dem, der Sindelfinger Chronik zufolge, viele von der Partei der Hohenberger fielen oder gefangen genommen wurden. Aus den Orten, wo gekämpft wurde, geht zweifellos hervor, dass es sich um Besitzstreitigkeiten handelte und dass die Zollern-Hohenberger noch mehr vom altzollerischen Stammgut verlangten, als sie schon durch Zuweisung des grössten Teiles des Scherragaues erhalten hatten. Und es ist

Abb. 41. Siegel Alberts von Hohenberg, des Minnesängers. gerade der hervorragendste

unter den Zollern-Hohenbergern, der in jahrelangen Kämpfen mit den Stammes-
vettern liegt, Graf Albert II., der sich nach drei Herrschaften: Hohenberg,
Haigerloch und Rottenburg nennen konnte. Er war ein sehr streitbarer Herr;
denn nicht nur mit den Zollern kreuzt er das Schwert, sondern auf vielen
Schlachtfeldern hat er gefochten, bis ihn, das schönste Lebensende für einen
Mann seines Schlages, der Tod im Kampfe gegen einen übermächtigen Feind
ereilte. Er fiel 1298 bei Leinstetten im Kampfe gegen Herzog Otto von Bayern.

Aber diese Streitbarkeit gereichte ihm nicht zum Tadel und sie schloss
keineswegs andere hervorragende Geisteseigenschaften aus. Das beweisen die
Lobsprüche. die ihm die Zeitgenossen gaben, dafür legt der Umstand Zeugnis
ab, dass sein Tod fast von allen Chroniken gemeldet wird. Man kann von ihm
sagen, dass er nicht nur eine der hervorragendsten Persönlichkeiten jener Zeit
war, sondern auch eine der interessantesten; denn dieser Mann, der so viel und
so gern dem rauhen Kriegshandwerk oblag, zeigt sich als ein Minnesänger von
edlen Grundsätzen, der in seinen Liedern gegen die überhand nehmende Genuss-
sucht und den ritterlichen Sport, die Ehe des Mitmenschen gering zu achten,
und Frauengunst und Frauenlieb höher zu schätzen als Frauentreue, scharf zu
Felde zog und hier das Schwert seines Geistes ebenso mutig und tapfer führte,
als die Eisenwehr in seiner starken Faust.

Ist ie man in der welte baz —	Wem ist es in der Welt denn wohler,
den einem, der sin staetez liep --	Als dem, der eignen Fraue Liebe hat,
mit armen hat alumb und umbbeslozzen —	Hält sie im Arme treu umschlossen?
Treit si im triuwe on allen haz —	Wenn sie auch ihm die Treue hält,
dazt bezzer, dan ein minnen dieb —	Ist reicher er als jeder Minne-Dieb.
In hat der langen nahte nie verdrozzen —	Ihn haben lange Nächte nie verdrossen,
er vührt melder, noch ir haz —	Nicht Horcher fürchtet er noch Hass,
er lit gar ane sünde und ane vohrt und ane schande -–	Liebt ohne Sünde, ohne Furcht und Schande.
Taet ie man valshiu minne baz —	Wen unerlaubte Minne freute besser,
Da nie man triuwe erkande —	Solch' Minne, die der Treu entbehrt,
der naeme vrouwen laster vür ir ere —	Unzücht'ger Frauen Liebe gehrt,
Von siner volge ich min sinne kere —	Den mag ich nicht, er mag sich von mir kehren.

So singt Albert von Hohenberg und beklagt bitter, dass die Welt nicht
mehr ehrbar denke, ihr vielmehr verbotenes Wasser besser schmecke, als
eigener Wein, und Ehebruch mehr Reiz habe, als eheliche Liebe und Treue.

Begreiflich ist, dass ein solcher Mann in harmonischer Übereinstimmung
leben konnte mit Rudolf von Habsburg, und dass es nicht nur die verwandt-
schaftliche Beziehung war, die zwischen ihnen bestand, sondern dass sie auch
sonst in manchem Edlen und Grossen gleichen Sinnes, gleicher Denkart waren,
und es ist daher sehr verständlich, dass wir die zwei Männer so viel und so oft
beieinander sehen, nicht nur da, wo des Reiches Wohl starke Geister und
tapfere Helden forderte, sondern auch da, wo Zeit ist, Werken des Friedens
und der Erholung obzuliegen. Als Rudolf 1286 den Schwager auf Hohenberg
in der Weihnacht besuchte, da war seine treue Gefährtin Gertrud, von der die
Zeitgenossen mit grosser Verehrung erzählen, schon fünf Jahre tot. Dass der
König, um die Versöhnung fester zu machen, eine eheliche Verbindung zwischen

einer Tochter Eufemia von Albert II. und dem Zollern-Grafen Friedrich vermittelt habe, ist nicht erwiesen. Eufemia ist vielmehr die Enkeltochter Alberts. Da aber damals eheliche Verlöbnisse schon im zarten Kindesalter zwischen den Eltern gestiftet wurden, so ist es immerhin möglich, dass jene Verbindung verabredet worden war, die in der Tat um 1298 mit Graf Friedrich II. von Zollern geschlossen wurde.

Für das zollerische Stammhaus hatte diese Ehe keinen wesentlichen Vorteil, wenn nicht den, dass nun Frieden geschlossen wurde. Nach dem Tode Alberts neigte sich schon der Stern der Hohenberger vom Zenith, das er erreicht hatte, dem Niedergange zu. Auch hier war der Grundfehler die Zersplitterung des blühenden Gesamt-Besitzstandes. Und als dann erst das schöne Erbe in mehrere Teile zerrissen worden, da folgte als schlimmster Stoss schlechte Wirtschaft im immer noch reichen Besitz.

Dass aber im 16. Jahrhundert, als der letzte Hohenberger, Graf Sigmund, im Kloster Reuthin mit »schilt und helm« schon lange beigesetzt worden, in den schwäbischen Landen der ehemalige Ruhm des einst so angesehenen Geschlechtes noch nicht verklungen war, das beweisen die ehrenden Worte, welche die zimmerische Chronik für dasselbe hat. Sie erzählt: »Vor vierthalbhundert jaren sein die graven von Hochenberg am mechtigsten an landt und leuten gewesen und von dem jar 1200 an zu rechnen (mit der Zeitrechnung nimmt es die zimmerische Chronik nie sehr genau), do hot ir verthon und übelhausen angefangen (im Gegenteil — da begann ihr Glanz erst recht aufzugehen). Aber es hat sie der gross stat, den sie gefiert, nit verderbt, sonder die grossen stiftungen und gotzgaben, die sie unaufhörlichen gethan an die gestiften, clöstern, spitl, bronnen (soll heissen Bäder, Heilanstalten) und in ander weg; dann, wie man sprucht: »wer vil hingibt, dem pleibt deste weniger«, das ist den frommen grafen, die ohn zwifel in jener welt iren lohn darumb empfahen, auch begegnet, dann von disem grossen hingeben und stiftungen kamen sie nach und nach zue armut, dass sie auch letztlich landt und leut mussten angreifen und der grossen schulden halber butzen und still (Stiel) dem haus Österreich zu kaufen geben.«

Abb. 42. Allianzsiegel der Gräfin Adelheid von Zolre, geb. Gräfin von Hohenberg. Umschrift: S.′ ADEL-HAID.′ COMITISSE. D.′ ZOLRE.

Doch der letzte Akt in der Zollern-Hohenberger Geschichte entbehrt nicht eines milden, erhebenden und versöhnlichen Schlusses. Wie schon angeführt, starb mit Graf Sigmund 1486 das Geschlecht der Hohenberger aus. Mehr als dreihundert Jahre vorher hatten sich die Ahnen Sigmunds, weder dem zollerischen Stammhause, noch ihnen selbst zum dauernden Glück, von einander getrennt. Und nun, ein merkwürdiges Geschick! nun heiratet der letzte Hohenberger die Witwe des Grafen Eitel Friedrich I. von Zollern und zwar zu einer Zeit, wo auch das Stammhaus fast an den Rand der Verderbens gerissen worden. Wenn auch der einzige Sohn aus der Ehe Eitel Friedrich I. und Ursula von Räzüns, Graf Jos Niklas kein Kind und „tumber Fant" mehr war, als die Mutter diese zweite Ehe einging, so stimmen doch die Zeitgenossen

in dem Lobe des Charakters des Grafen Sigmunds so überein, dass die Überlieferung, er
sei dem Stiefsohn ein treuer Vater und Berater
gewesen, zweifellos erscheint: „Dann graf Sig-
mundt ain gar holdseliger, sittiger und frommer
graf war." Für das Ansehen, dessen sich Graf
Sigmund bei seinen Standesgenossen erfreute,
ist das Schutz- und Trutz-Bündnis, welches
eine Reihe der bedeutendsten schwäbischen
Edelinge: die Zollern, die Werdenberg, Sonnenberg, Waldburg, Wolfegg, Zimmern u. s. m.
1468 abschlossen, Beweis; denn hier wird
Sigmund an erster Stelle genannt. In dieser
Urkunde tritt er mit seinem Stiefsohn Jos Niklas,
dem Wiedererbauer des Zollern und dessen
Sohne, Eitel Friedrich II., der berufen war,
eine so bedeutende Rolle zu spielen, zusammen
auf, ein merkwürdiger Abschluss für die Geschichte seines Hauses.

1343.

Abb. 43. Siegel des Grafen Burk-
hard von Hohenberg. Umschrift:
S.' COMITIS. BVRCARDI. DE.
HOHENBERG.

DIE SCHALKSBURG.

Die Hauptursache, welche die Edelinge des Mittelalters bewegte, ihre
wohnlich gelegenen Edelhöfe in der Ebene, nahe bei oder inmitten ihrer Unter-
gebenen, zu verlassen, und kalte, steinerne Burgen auf teilweise unwirtlichen,
fast durchweg schwer zugänglichen Höhen zu bauen, wo sie, vereinsamt gegen
die bis dahin gepflegte Lebensweise, ihre Tage zubrachten, wird ohne Zweifel
der Wunsch nach grösserer Sicherheit gewesen sein. Wer die vielen Hunderte
in Trümmer gefallenen Burgen unseres Vaterlandes auch nur teilweise kennt,
der wird sich nicht verhehlen können, dass der Tausch, nach unseren heutigen
Begriffen von Wohnlichkeit und Behagen, kein guter war. Allerdings lassen
die auf den sonnigen Abhängen der Rheintalberge liegenden zahlreichen Burgen,
die das Stromgebiet von Bingen-Rüdesheim bis zum sagenumwobenen Sieben-
gebirge malerisch beleben und wunderbar schöne Blicke auf Strom und Gelände
bieten, oder die nicht minder reichen Burgen des Elsass, mit ihrem warmen
Steinton und schwungvoller Architektur, umrauscht von hochragenden Wäldern,

fast alle mit der Ausschau in die üppige Ebene oder sonnigen Täler, solche Gedanken kaum entstehen. Wer aber die Burgsitze der schwäbischen Alb betrachtet, der muss anders denken. Gerade hierfür bietet die Schalksburg eines der schlagendsten Beispiele. Ernst, fast finster, liegt der gewaltige Felsklotz da. Der dunkle Tannenwald, der ihn vom Fusse bis zur Höhe hinauf bekleidet, lässt seine grauen Steinglieder, welche die Jahrtausende abgetönt haben, noch starrer erscheinen. Nur ein schmaler Grat verbindet die weite

Abb. 44. Schalksburg mit Burgfelden und Böllat.

Hochfläche des Bergrückens mit der nordöstlich von ihm sich ausbreitenden Hochebene und den höchstgelegenen Ortschaften Württembergs. Wie mühsam gestaltete sich hier der Verkehr mit der Aussenwelt schon für die Männer, und erst für die Frauen, wenn vom Spätherbst bis weit in den Frühling hinein Schnee und Eis den einzig gangbaren, fast gefährlichen Pfad bedeckte, während unten im Tale schon

Winterstürme wichen dem Wonnemont,

wie Siegmund in der Walküre singt, und Lenz- und Liebesfreude die Brust ihm schwellen lässt.

In der Geschichte der Zollern spielt die Schalksburg eine sehr wesentliche Rolle. Immer musste ihr nach dieser Richtung hin, schon allein aus dem Grunde, weil sie beinahe bis zur Wende des Mittelalters zollerisches Eigentum war, Bedeutung beigelegt werden. Wiewohl nun die Schalksburg seit fast fünfhundert Jahren dem Zollernhause entfremdet ist, trat sie in den letzten Jahren gerade wegen ihrer Vergangenheit stark in den Vordergrund. Es entstand die Frage: War nicht die Schalksburg Sitz der zollerischen Ahnen, bevor sich die Zollern 1061 zum ersten Male mit diesem Namen nennen? Die Schalksburg ist, darüber herrscht kein Zweifel, uralter Besitz des Zollernhauses und seiner Ahnen; denn sie liegt im Scherragau und dieser ist der ureigene Gau der Zollern und ihrer Vorfahren. Damals, wo Burkhard und Wezel 1061 zum ersten Male als Zollern — de Zolorin — genannt werden, gehört die Hatten huntare, in welcher der Zoller lag, noch nicht den Zollern. Nun liegt es nahe, zu fragen: wo haben denn die nächsten Vorfahren der Zollern ihren Sitz gehabt? Wer die Zollernburg gebaut hat, die beiden ersten Zollern Burkhard und Wezel, oder schon deren Vater: diese Frage bleibt deshalb doch bestehen: Wo wohnten denn die Väter dieser Zollern? Man sucht doch ganz von selbst, ohne Künstelei, den Wohnsitz eines Edelings da, wo sein Eigen liegt, bevor man ausserhalb seines Besitztums, seiner ureigenen Heimat, auf die Suche geht. Das war aber der Scherragau, und hier die spätere Schalksburgherrschaft. Um jene Zeit, es handelt sich um die erste Hälfte des 11. Jahrhunderts, hatten aber die vornehmsten Geschlechter ihre Burgen schon auf Höhen gebaut. Nun betrachte man die Lage der Schalksburg! Keine Burg lag so beherrschend für den Gau, wie gerade die Schalksburg. Kein Berg rundum, auch nicht der prachtvolle Zoller, bot eine solche gewaltige, natürlich befestigte Burg, eine solch uneinnehmbare Feste, wie der Schalksberg, eine Schalksburg.

Aber hat denn auf dem Schalksberg um jene Zeit überhaupt schon eine Burg bestanden? Dass dies der Fall war vor der Gabelung des Stammhauses in die zwei Linien Hohenberg und Zollern, steht fest. Und wann war das? Friedrich I., dessen Söhne Friedrich und Burkhard sich in den Hausbesitz teilten, wird von 1085—1125 erwähnt. Eine wichtige Erscheinung ist bei jener Gabelung nicht zu übersehen. Wiewohl die Hohenberger hauptsächlich den Scherragau bekamen, wurde ihnen aber gerade die Schalksburgherrschaft vorenthalten. Warum wohl? Nun, weil die Schalksburg durch ihre Lage und Festigkeit stets eine Gefahr für die Zollern gewesen wäre. Und wenn nicht schon vor der Mitte des 11. Jahrhunderts auf dem Schalksberg eine Burg gestanden, wie will

man sich dann den Namen des schon um 1040, sicher 1061, vorhandenen Dorfes Burgfelden, das zur Schalksburg gehörte, erklären? Die Schalksburg-Zollern-Frage wurde

Abb. 45. Kirche zu Burgfelden mit dem Notdach Herbst 1892 bis Herbst 1893.

durch eine kulturgeschichtlich hochinteressante Entdeckung rege. Vor zehn Jahren· fand man in der romanischen Kirche zu Burgfelden Wandgemälde von so hoher künstlerischer Bedeutung, dass sie allgemeines Staunen hervorriefen. In seltener Übereinstimmung schrieb man die wertvollen Gemälde der Kunstfertigkeit der Reichenauer Benediktiner zu. Sodann fand man in der Kirche sehr bemerkenswerte, alte Gräber, die wiederum nach dem Urteil der Sachverständigen auf das 11. Jahrhundert zurückgehen können. Nun durfte man sich sagen: Wäre die Schalksburg nicht schon um die Mitte des 11. Jahrhunderts Sitz eines hervorragenden Geschlechtes gewesen, wie käme das kleine Dorf dort oben auf der Höhe der Rauhen Alb dazu, eine sorgsam gebaute romanische Steinkirche zu besitzen? Wie käme diese Kirche zu den kostbaren Wandgemälden? Wie kämen die Reichenauer Benediktiner dazu, dort in Burgfelden Wandmalereien auszuführen, die sofort an die Perlen frühmittelalterlicher Kunst in der Kirche zu Oberzell auf der Reichenau erinnern? Ist es da nicht sehr beachtenswert, dass die Vorfahren der Zollern, die Burkhardinger, sowie die Zollern selbst, in naher Beziehung zu den Reichenauer Mönchen standen? Herzog Burkhard II. liegt auf der Reichenau begraben, die Grafen von Zollern-Hohenberg versehen vom 12. Jahrhundert an das Obermundschenkenamt auf der Reichenau und im 12. Jahrhundert ist ein Zoller Abt daselbst.

Abb. 46. Ausritt und Überfall. Wandgemäldeteil aus der Kirche zu Burgfelden.

Aus alle dem kommt man zu der nahe liegenden Folgerung: Bevor die Zollern ihre Stammburg Zoller erbauten, haben ihre Vorfahren auf der Schalksburg gesessen. Zwei Einwendungen, die man dagegen zu machen suchte, will ich noch erwähnen. Erstens sollen die zollerischen Vorfahren schon um 1040, sicher vor 1061, Burgfelden und Kirche an das Kloster Ottmarsheim im Oberelsass verschenkt haben. Das ist durchaus unerwiesen. Es heisst vielmehr nur, dass dem Kloster Ottmarsheim praedia also Güter zu Burgfelden geschenkt worden seien. In der ganzen Folgezeit bis zum Verkauf an Württemberg 1403 waren die Zollern rector ecclesiae zu Burgfelden und vergaben die Pfarrstelle dort. Zweitens wollte man in dem Namen Schalk etwas Unwürdiges finden. Abgesehen davon, dass das Wort Schalk damals seine knechtische Neben- bedeutung schon verloren hatte, überhaupt eine »Diener«- oder »Knechts«-burg ein Unding in solcher Deutung genannt werden darf, ist der Ursprung des Namens noch nicht klargestellt. Es ist sehr leicht möglich, dass die Burg nach einem Besitzer genannt worden ist, in dessen Namen das Appellativ »Schalk« steckt, wie solcher Bezeichnungen mehr vorkommen.

Da dürfte es denn von Interesse sein, eine Stelle der Sindelfinger Chronik anzu- führen, die zum Jahre 1286 erzählt, dass »comes Burchardus cum comite Friderico S c h a l g i n g e conflictum habuit etc.« Man hat Schalginge mit Balginge übersetzt, also bei Balingen. Das kann sein, es muss aber nicht sein; denn es hiess damals und noch früher Balginga. Es könnte auch der Beinamen von Graf Friedrich (von Zolre)

Abb. 47. Siegel der Stadt Balingen. Umschrift: SIGILL. (CIVITA) TIS. BALINGE.

gewesen sein. In jedem Falle fehlt hier ganz zweifellos dem Worte Schalk eine unehrliche, niedrige Bedeutung.

Wir können diese Erörterung schliessen mit der Behauptung: die nächsten Vorfahren der Zollern, mögen sie heissen wie sie wollen, Burkhardinger werden sie meist genannt, müssen irgendwo ihren Burgsitz gehabt haben. Und ferner: dem kraftvollen Geschlechte der Zollern-Zollern und Zollern-Hohenberger kann keine Unehre damit geschehen, wenn wir annehmen, die Familie hat noch vor dem Zoller einen Burgsitz gehabt. Am Strahlenkranze des Zollers kann die Schalksburgfrage, mag sie nun bejaht oder verneint werden, nicht den leisesten Schatten hervorrufen.

So wertvoll nun auch die Schalksburgherrschaft den Zollern in älterer Zeit war, so sollte doch dieser älteste Besitzteil altzollerischen Stammgutes in unverantwortlicher Weise dem Hause verloren gehen. Mit Friedrich I. von Zollern-Schalksburg, genannt Mülli, dem Sohne Friedrichs V. von Zollern, wurde um 1266 eine eigene Linie Zollern-Schalksburg gegründet, in Folge dessen der Besitz des Stammhauses abermals durch Zersplitterung eine Schmälerung erlitt. Mit Friedrich V. (Schalksburg) starb diese Linie wieder aus. Aber der letzte Zollern-Schalksburg liess den alten zollerischen Besitz nicht wieder an das Stammhaus zurückgehen, sondern verkaufte in unbegreiflicher Weise die schöne Herrschaft um eine geringe Summe an Württemberg. Man hat in dem Tode seines einzigen Sohnes, der vor dem 5. Juli 1403 starb, einen Grund erblicken wollen. Dass dem Vater der Besitz und die Lebensfreude hierdurch verbittert worden, lässt sich ja denken, nicht aber begreifen, dass er so wenig Stammesgefühl besass, die Herrschaft Schalkburg dem Stammhause entfremden zu können. Die Erklärung ist anderswo zu suchen.

Im Stammhause herrschten gerade damals schon unerfreuliche Zustände, indem sich die beiden Brüder Graf Friedrich, der Öttinger, und Graf Eitel Friedrich I. feindlich gegenüber standen. Auch war noch keiner der Beiden verheiratet. Sollte sich nun Graf Mülli hierdurch bewogen gefühlt

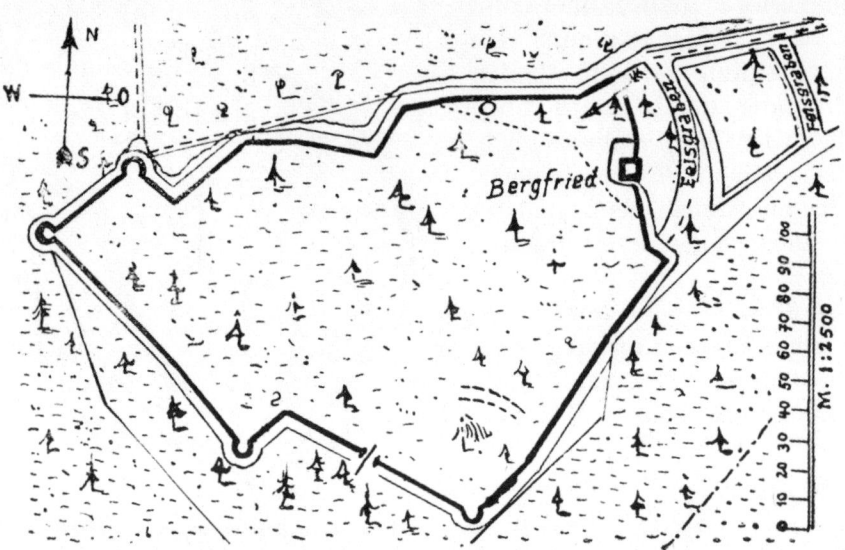

Abb. 48. Grundriss der Schalksburg in ihrer ehemaligen Gestalt.

haben, sein schönes Besitztum in fremde Hände abzugeben?

Nein! Mitbestimmend mag das alles gewesen sein, aber eine volle Erklärung giebt das nicht; denn erstens war die Feindschaft der zwei Brüder noch nicht so tief geworden, wie sie es später gewesen ist, sodass Friedrich und Eitel Friedrich bis auf heute den Namen »die feindlichen Brüder« haben; zweitens waren sie noch so jung, dass ihre Heirat keineswges ausgeschlossen war, wie sie auch tatsächlich beide noch in den Ehestand traten.

Der Grund liegt in der Charakteranlage des Schalksburger selbst. Er muss ein ganz eigentümlicher Mann ohne viel Familiensinn gewesen sein; denn er besass ausser dem 1403 gestorbenen Sohne noch eine Tochter, die an Kaspar von Fraunhofen verheiratet war. Auf diese Tochter nimmt er in seinem Verkauf gar keine Rücksicht. Sodann ist der Preis von 28000 Gulden, um die Württemberg die Herrschaft erwarb, ein so lächerlich geringer, dass die Sage entstand, der Verkauf sei mit einem Hirschgulden gedeckt worden.

Graf Eitel Friedrich I. erhob energisch Einspruch und führte an, dass die Herrschaft zum mindesten 150000 Gulden wert sei. Doch diese wie alle späteren Versuche der Zollern, wieder in Besitz der Schalksburgherrschaft zu gelangen, blieben vergeblich. Württemberg bestand auf seinem Schein, und dem hatte es mit sehr grosser Eile Bestätigung vor dem Hofgerichte zu Rottweil geben lassen. Schon zwölf Tage nach dem Verkauf fand diese statt, und diese kurze Frist lässt deutlich erkennen, dass es Graf Eberhard von Württemberg sehr darum zu tun war, den guten Fang zu sichern. Eine der bittersten Ironien dieses Verkaufes ist auch der, dass kaum zwanzig Jahre später die altzollerische Stadt Balingen, nun württembergisch, an der Belagerung und

Eroberung der Stammburg Zollern teilnahm und dass höchst wahrscheinlich die Balinger Mannschaft unter einem Banner stritt, das dem der Grafen von Zollern gleich weiss-schwarz geviertet war; denn es ist das Wappen der Stadt Balingen, des Hauptortes der Schalksburgherrschaft (s. Abb. 47).

Im Jahre 1458 verpfändete Graf Ulrich die Schalksburg an die von Rechberg. Hans von Rechberg war einer der grössten Raufbolde seiner Zeit. Ein sonderbarer Zufall wollte es, dass Graf Jos Niklas von Zollern die Schalksburg in einer Fehde mit dem Rechberg und Genossen erobern musste; für sich selbst konnte er sie aber doch nicht erwerben. Noch mehrfach wurde die Burg verpfändet, bis 1510 Graf Eitel Friedrich II. von Zollern dem Herzog Ulrich 16000 Gulden vorstreckte, wofür er sich u. a. auch die Schalksburg verpfänden liess. Graf Jos Niklas I. hatte 1463 dem Grafen Ulrich zu Württemberg, nachdem dieser in die Gefangenschaft des Pfalzgrafen Friedrich bei Rhein gefallen war und 40000 Gulden Lösungsgeld zahlen sollte, für diese Summe Bürgschaft geleistet. Sein Plan, diese Bürgschaft zur Wiedereinlösung von Schalksburg zu verwenden, verwirklichte sich nicht; denn die Grafen von Württemberg lösten 1465 ihre Schuld ein. Es war des Grafen Bestreben, Schalksburg, wie er dies mit Haigerloch getan, wieder an das Haus Hohenzollern zu bringen. Leider starb der tüchtige Regent, der zu den angesehensten Männern im Reiche gehörte, schon zwei Jahre nachher. Auch seine Nachfolger hielten den Gedanken der Wiedererwerbung fest. Vielleicht hätten sie die grosse Geldnot Herzog Ulrichs besser ausnützen können. Herzog Christoph löste dann 1554 das Pfand wieder ein, nicht ohne dass seitens der Hohenzollern Schwierigkeiten gemacht wurden. Oswald Gabelkover (1539—1616) sagt von der Schalksburg: »Schalzburg, den Graven de Zollern«. Aber Württemberg bestand wiederum auf seinem Schein, und so mussten die Hohenzollern, wenn auch schweren Herzens, die Schalksburg wieder abtreten. Noch einmal erwog in der Folgezeit ein Hohenzoller, Ludwig, Fürst von Hohenzollern-Hechingen (1730—1750), den Plan, Schalksburg wieder zu erwerben. Aber seine Hoffnung verwirklichte sich nicht. Als dann 1866 die Württemberger für wenige Tage den Zoller besetzten, Preussen aber Sieger blieb, da wurden auch Stimmen laut, die verlangten, Württemberg solle man jetzt die ganze Herrschaft Balingen mit der Schalksburg abnehmen. Aber Preussen bewies sich als milder und weitschauender Sieger. Es wollte Württemberg für die Zukunft als Freund, nicht als grollenden Besiegten an seiner Seite sehen. Schalksburg blieb in württembergischem Besitz. — —

Die Schalksburg ist in der Reihe der Burgen des ehemaligen Scherragaus eine der stärksten und mächtigsten gewesen. Das gewaltige Felsmassiv auf welchem die Burganlage aufgebaut war, hängt nur durch einen schmalen, nach beiden Seiten steil abfallenden Sattel mit dem Hauptgebirgszug zusammen. Die Verteidigung des Zugangs beginnt an der äussersten nordöstlichen Spitze beim Anschluss an den Sattel. Hier liegt der erste quer zur Angriffslinie gelegte Felsgraben, gegen Westen durch eine Mauer verstärkt. (Reste noch sichtbar). Etwa 60 m vom ersten entfernt ist der zweite und weiter 30 m westlich der dritte Quergraben noch deutlich erkennbar. Vor und über dem dritten Einschnitt liegt der starke quadratische Bergfried aus mächtigen Buckelquadern. Er hat eine Seitenlänge von 7,5 m, eine Mauerstärke von 2,6 m und eine Lichtweite von 2,4 m. Der Eingang zun Turm lag gegen den Burghof. In der Nähe des Turmes ist auch der Eingang zum Burginnern zu suchen. Westlich vom Turm beginnt der ausgedehnte Burgring. Die Ringmauer, deren Zug sich noch verfolgen lässt, umfasste eine Grundfläche von etwa 3 Hektar. Die Ringmauer sass hart auf der äusseren Felskante. In den ausspringenden Ecken auf der Nord-, West- und Südseite lagen viereckige und runde Türme.

Abb. 49. Rest des Rundturmes auf der äussersten Westspitze.

Von dem äussersten Rundturm gegen Westen stehen noch einige Mauerkörper 4—5 m hoch. Der Turm hatte eine Lichtweite von etwa 4 m und eine Mauerstärke von 1,0 m; gegen Norden ist noch eine Fensteröffnung erkennbar. An der Südseite senkt sich die Ringmauer einem Einschnitt des Felsens folgend. Hier steht die Ringmauer mit mächtiger Quaderverkleidung noch 4—5 m hoch, etwa 1,6 m stark. An dieser Stelle ist noch eine Türöffnung von etwa 1,6 m Breite und 2 m Höhe vorhanden, mit einem Halbkreisbogen überspannt, gegen das steil ansteigende Burginnere stark abgeschrägt. Diese Öffnung wird im Volksmund das Küchenlädle genannt. Von den umfassenden Gebäudeanlagen ist nichts mehr erkennbar. Die Burgfläche, jetzt ganz mit Wald bedeckt, ist nur noch ein grosses Trümmerfeld. Beim Verkauf der Schalksburg 1403 an Württemberg und der Verpfändung 1458 an die Rechberg wurde sie noch für ein wehrliches Haus und für eine sonderliche feste Gelegenheit geachtet. Spätere Rechnungsakten sprachen von den Toren, Brunnen, Zisternen, der Mahlmühle, die sich oben befanden, den Mauern, die zu unterfangen waren, vom Turm und Torhäuslein, von den Wallungen, der Bäckerei, von der Kapelle, und von dort befindlichen Geschützen und Büchsen. — Am 13. Dezember 1464 wurde die Burg im Auftrag des Grafen Ulrich von Württemberg durch Graf Nikolas von Zollern erobert und zerstört. Von dem Sohn des 1464 gefallenen Hans von Rechberg wiederaufgebaut, hat sie im 16. Jahrhundert schwer gelitten. Das Schloss ward abgängig und baufällig. Die Baureparaturen werden wohl mangelhaft durchgeführt worden sein. Im Jahr 1555 fiel ein Haus und ein Stück Mauer im innersten Teile ein; 1557 erfolgte der herzogliche (württ.) Befehl, die Häuser abzubrechen und Holz und Ziegel zu verkaufen. Jedenfalls stand aber die Burg noch 1570, jedoch von einem Blitzstrahl schwer beschädigt. Die zimmerische Chronik schreibt etwa 1566: »Wie wohl das Schloss Schalzburg in einem grossen Rufe gewesen, also dass auch die Städte und andere Stände daraus sind gekriegt worden, soll es jetzund wie man sagt, gar im Abgang sein, denn wie das gemein Geschrei, soll Herzog Christoph von Württemberg bei wenigen Jahren allda gewesen und so viel an Raht bei den Kriegsverständigen erfunden haben, dass es im Fall der Not nit zu erhalten. Und hat das Schloss gleichwohl eine grosse Burghut und Unterhaltung jährlich gebraucht, welcher Beschwerd dem Fürstentum damit abgeholfen.« Das Landbuch von 1624 sagt: »Schalksburg ein alt abgegangenes Schloss, noch ziemlich viel Gemäuer, auch der Zwingel und Graben darum zu sehen, dabei zehn Mannsmahd Wiesen und ein Viehwaid, darauf man an die zwölf Stück Vieh halten kann.« Rings um die Schalksburg erhob sich vom 12.—15. Jahrhundert ein Kranz von Burgen, so zwei bei Margrethausen, zwei auf dem Heersberg, eine auf dem Thierberg, eine auf dem Hirschberg und eine auf dem Streichenerberg (Hundsrücken).

VERINGEN.

Wenn auch das Lauchertal an wild-romantischer Schönheit mit dem oberen Donautal nicht wetteifern kann, so entbehrt es doch keineswegs vieler landschaftlicher Reize. Manche Punkte dieses Flusstales, dessen Wasserlauf nur kurz, dafür aber stets wasserreich ist und sich guter Fische rühmen darf, weisen malerische Reize auf. Das ist auch gerade bei Veringenstadt der Fall. Besonders wenn man von Norden her kommt, fesselt die Landschaft das Auge in hohem Masse. In weitem Bogen umfliesst der Fluss einen hochragenden Felsenvorsprung, der sich oben in die Hochebene verflacht. Auf dem mächtigen Gestein, das Wind und Wetter im Laufe der Jahrhunderte grau gefärbt, liegen Ruinen, deren Ausdehnung und Mächtigkeit es deutlich aussprechen, dass hier einst ein mächtiges Geschlecht seinen Sitz hatte. Es war in der Tat so reich und angesehen, dass man mit dem Namen Veringen unwillkürlich auch an die Dynasten denkt, die hier sassen. Und doch haben nicht sie Veringenstadt und Veringendorf den Namen gegeben, vielmehr haben jene Edelinge von Altshausen, die um 1130 Veringen erwarben, vom neuen Wohnsitz die Bezeichnung angenommen, die man dann vielfach auf ihre Vorfahren die Grafen von Altshausen übertrug und diese Grafen von Altshausen-Veringen hiess. So wird der berühmte Mönch

Hermann der Gelähmte von der Reichenau, dessen Zeitgenossen ihn das Wunder des Jahrhunderts nannten und dessen hinterlassene Werke heute noch nach fast 900 Jahren — er sagt von sich selbst, dass er am 18. Juli 1013 geboren sei — sehr geschätzt sind, meist als ein Graf von Veringen aufgeführt, während er den Vorfahren derselben, den Grafen von Altshausen, angehört. Die Ahnen der Veringer sind insofern auch von Interesse, als sie zu den ersten Herren in Schwaben gehören, die sich nach ihrem Wohnort einen Geschlechtsnamen beilegten, und zwar tut dies Wolfrad, der schon 1004 de Altshusa genannt wird.

Abb. 50. Ansicht von Veringenstadt im 18. Jahrhundert.

Das Laucherttal und besonders die mittlere Gegend desselben, von Veringen bis Gammertingen, wurde schon sehr früh bevölkert. Es ist erstaunlich, wie reich das Tal von Veringen bis zum Ursprung der Lauchert beim Marktflecken Melchingen in vor- und frühgeschichtlicher Zeit bewohnt war.

Kaum ein Ort in Hohenzollern weist so viele Funde auf wie Veringenstadt. Wenn auch noch keine neolithischen oder gar paläolithischen Artefakten hier gefunden wurden, so kann man, angesichts des Umstandes, dass aus dem benachbarten Hettingen und Gammertingen Steinwerkzeuge vorliegen und gerade hier bei Veringenstadt sich geräumige Höhlen befinden, die Frühmenschen zur Wohnung dienen konnten, kaum anders als annehmen, dass sich auch bei Veringenstadt Zeugen jener Periode noch finden werden. Dagegen an Funde aus der Bronzezeit bis zur alamannisch-fränkischen Periode hinauf ist Veringenstadt sehr reich. Es sind bei Veringenstadt nicht weniger als drei Nekropole der Bronzezeit nachgewiesen. Ebenso ist die Hallstadtzeit reich vertreten. Uralte, wahrscheinlich keltische Wege sind vorhanden. Auch führt eine Römerstrasse durch das Tal. So steht e i n e Kulturepoche auf der Schulter der andern, nicht aber um mit der römischen Zeit abzuschliessen.

Die ganze Gegend ist echt schwäbisches Land. Das beweisen die Namen der Ortschaften. Auch Veringen verdankt seinen Namen der Besiedelung des Landes durch die Schwaben. Die Schreibweise ist beinahe stets dieselbe, jedenfalls wenig abweichend, und zwar lautet es meist Veringen, wie es heute noch geschrieben wird: 1054—1171 Veringin, 1181 Veringen, 1224—1273 Feringen, 1216 Weringen, später bis zur Neuzeit hinauf auch Vöhringen. Auch hier wird, wie bei den meisten Ortsnamen auf ingen, auf einen Personennamen zurückgegangen und zwar auf Faro. Fara bedeutet Sippe, Geschlecht, bei den Langobarden auch Edelgeschlecht, und kommt in der Zusammensetzung mit Faramund, der die Sippe Schützende, vor. Veringen ist somit die Gründung, die Ansiedlung eines Faro und hiess ursprünglich Faringa. Damals und in der nächsten Folgezeit gehörte es zum Burichinga-Gau, das ist der Gau der Burichinger, der Nachkommen Burchos, und dieser Burichinga-Gau ist die spätere Grafschaft Gammertingen. Wir dürfen uns nicht dadurch beirren lassen, dass in der Folgezeit auch von einer Grafschaft Veringen die Rede ist. Das kam daher, weil im 13. Jahrhundert ein Teil der Grafschaft Gammertingen und insbesondere auch Gammertingen selbst abgetrennt wurde und dem Grafen von Veringen zufiel, der seinen Bezirk Grafschaft Veringen benannte. Nach den aussergewöhnlich reichen Funden, welche man in Gammertingen aus Gräbern der alamannisch-fränkischen Zeit gemacht hat, möchte ich den Schluss ziehen, dass damals der Hauptsitz des Gaues Burichinga im heutigen Gammertingen zu mutmassen ist. Aber weder der Gründer von Gammertingen, der Gamhart oder Gamrat oder auch Gamo geheissen haben muss, noch der von Veringen, hat dem Gau den Namen gegeben. Die alten Grafen von Gammertingen, die mit Vorliebe den Namen Arnold führten, starben gegen Ende des 12. Jahrhunderts aus. Die Grafschaft fiel an Bertold von Neifen. Von da ab wird die nächste Geschichte der Grafschaft dunkel. Sie scheint zerfallen, geteilt worden zu sein; denn, wie schon oben angedeutet, wir sehen im 13. Jahrhundert, dass die Grafen von Veringen einen Teil besitzen, während der grössere Teil später sich in württembergischem Besitze befindet.

Mit 1134 treten die Altshauser nunmehr an der Lauchert als Grafen von Veringen auf und zwar ist es Graf Markward, der 1130 noch als Graf von Altshausen vorkommt, dann 1130 sich auch nach der Burg zu Veringen, Graf von Veringen nennt. Es war ein hochangesehenes Dynastengeschlecht und stand mit den mächtigsten Familien Schwabens in Verwandtschaft. Die zimmerische Chronik weiss von ihrer hohen Herkunft vieles zu erzählen und nennt sogar Herzog Burkhard von Schwaben einen Veringer. Wo immer die Hervorragendsten unter den schwäbischen Edelgeschlechtern auftreten im Frieden, oder Krieg, als Zeugen bei hochwichtigen Anlässen, im Gefolge der Kaiser, als Stifter und Schenker, da finden wir auch die Veringer. Graf Wolfrad von Veringen ist der Begründer der Stadt Isny 1171, nachdem seine Vorfahren, Graf Wolfrad 1042 eine Pfarrei zu Isny gegründet und dessen Sohn Manegold die Pfarrkirche zu einem Kloster erweiterte und 1096 Hirsauer Mönchen übergab. Ein Nachkomme des Begründers der Stadt Isny, Graf Wolfrad zog mit König Konradin nach Italien. Es ist nicht unwahrscheinlich, dass er sich unter den Edelingen befand, die am 29. August 1268 zu Neapel mit dem letzten Staufer das Haupt auf den Richtblock legen mussten.

Auch mit dem heiligen Ulrich, Bischof von Augsburg, waren die Grafen von Veringen verwandt. Die Stadt Veringen verdankt, der zimmerischen Chronik zufolge, dem grossen Bischof, der bei der furchtbaren Schlacht auf dem Lechfelde 955, wo Otto der Grosse der Ungarnnot für immer ein Ende machte, so wesentliche Dienste leistete, eine ganz besondere Gnade, nämlich die, dass es keine Ratten daselbst gebe. »Also sagt man, seie in etlich hundert jaren kain ratz zu Veringen im stetlin an der Lachart nie gespurt werden; so auch ein lebendiger ratz dahin gepracht oder ungeferdt (durch Zufall) dahin kom, so starb er. Das soll sant Ulrich denen von Veringen, sagt man, umb Gott er- worben haben, dann er von der muetter ein graf von Veringen, auch im stetle zu Veringen soll geporen sein worden.«

Abb. 51. Siegel des Grafen Wolfrad von Veringen, des Begleiters Konradins von Schwaben nach Italien 1268. Umschrift: S.' COMITIS. WOLFRADI. DE. VER- INGEN. IVNIORIS.

Dass Bischof Ulrich dem Grafenhause Altshausen verwandt war, ist zutreffend, aber dass er zu Veringen geboren wurde, ist nicht richtig. Im übrigen schrieb man selbst der Erde vom Grabe des hl. Ulrich Wunderkraft gegen Mäuse und Rattennot zu und liess solche öfter von Augsburg kommen, wie das auch Herr Gottfried Werner von Zimmern zu Messkirch um 1538 tat — »aber es wollt nit thuen«, meldet der Chronist.

Es ist nicht auffallend, dass Veringen in alter Zeit zu manchem Über- und Aber- glauben Stoff und Anlass hatte. Rund in der Gemarkung umher finden sich allüberall auf Äckern und Wiesen, in Waldungen und auf den Bergen die zahlreichen Spuren vor- und frühgeschichtlicher Menschen. Und wie geneigt waren nicht unsere Voreltern mit solchen Orten wundersame Geschichten und Sagen in Verbindung zu bringen! Südwestlich von der Kuppe des Bergrückens, den die ernst in das Tal herabschauenden, weit ausgedehnten Ruinen der ehemaligen Grafenburg krönen, die sich an der Stelle erheben, wo vor dem steinernen Burgbau höchst wahrscheinlich eine Volks- burg bestand, befindet sich in fast unmittelbarem Anschliessen an die Maue reste eine Nekropole längst dahin geschwundener Zeiten. Da begruben die Menschen der vorgeschichtlichen Zeit ihre Toten. Steinhügel an Steinhügel legt Zeugnis dafür ab, dass sich damals eine starke Ansiedlung hier befand und ihr reicher Inhalt, heute zum grössten Teile eine Zierde der fürstlichen Altertumssammlung zu Sigmaringen, beweist, dass es keine armen Ansiedler waren; denn in reichem Waffenschmuck prunkten die Männer und mit glänzendem Schmuck aller Art schmückten sich die Frauen.

Da ist es nicht zu verwundern, wenn in alten Zeiten wundersame Dinge sich auf der Höhe ereigneten, Waffengeklirr erscholl und wildes Kampfgeschrei die Schlafenden schreckte. Das ist die geeignete Gegend für den grausigen Spuk des wilden Jägers, der mit furchtbarem Getöse im Wodansheere bei Sturm und Nacht und Nebel durch die Lüfte saust.

Auf dem östlichen Bergrücken des Tales liegen ebenfalls viele Grabhügel. Hier habe, so geht die Sage, ehemals ein Ort gestanden. Muote nennen es die Leute, und der uralte Weg, der vom Ort hinaufführt, wurde bei Nachtzeit nicht gerne begangen, weil es dort oben geisterte. Hier haben wir also eine deutliche Anspielung auf das wilde Heer; denn Muoti ist der schwäbische Name für Wodan, und das wilde Heer wird Muotisheer genannt.

Um die Mitte des 13. Jahrhunderts ist der Stern der Grafen von Veringen schon am Niedergehen. Beständige Streitigkeiten, Fehden, Kriegszüge und in Folge dessen schlechte Wirtschaft brachten das einst so mächtige und reiche Haus immer mehr dem Verfalle nahe. Auch mit dem Reichsoberhaupt Rudolf von Habsburg lagen sie in offenem Kriege. Während 1268 noch ein Veringer mit Konradin von Staufen geblutet hatte, verschwört sich 1286 Heinrich, der sich damals noch stolz von Gottes Gnaden, Graf von Veringen, »dei gratia comes de veringen«, nannte, Rudolf von Habsburg zum Trotz, der ihm die Territorial-Hoheit über die Grafschaft streitig machte, mit einer Reihe anderer schwäbischer Grossen gegen das Reichsoberhaupt, »wie sie ihn mochtend vertrieben oder erslahen«. Also auf Sturz und Mord des Königs war es abgesehen. Aber es bekam dem Veringer schlecht. Graf Albert von Hohenberg (s. Haigerloch und Hohenberg), der Schwager

Abb. 52. Grabstein des Grafen Heinrich von Veringen 1366. Umschrift: VIII. KALENDAS. APRILIS. ANO. DOMINI. MCCCLXVI. OBIIT. COMES. HAINRICVS. DE. VERINGEN.

Rudolfs, zog gegen den wilden Grafen Eberhard von Württemberg, und da Heinrich dem Bundesgenossen zu Hülfe kommen und dazu rüsten musste, war er gezwungen, Besitzungen zu verkaufen. Doch es ist bezeichnend für jene Zeit, dass Heinrich in demselben Jahre in Gegenwart einer grösseren Anzahl schwäbischer Edelinge, die sich auf einer Hochzeit vergnügten, dem Kloster Habstal ein Lehengut zu Herbertingen schenkte.

Die Grafen hatten so abgewirtschaftet, dass sie 1291 König Rudolf gegenüber auf alle Rechte an der Grafschaft Veringen verzichteten, die in die Hände der Söhne des Königs übergingen. Es scheint, dass die Burg Veringen, welche im Gegensatz zu Neu-Veringen bei Riedlingen und Unter-Veringen = Veringendorf, Alt-Veringen genannt wird, schon unter Graf Heinrich dem Älteren

(† nach 1282) an den Grafen von Württemberg gekommen, dann aber wieder frei geworden war. Graf Heinrich hatte sich zu Veringen unmöglich gemacht. Einesteils besass er daselbst nur noch wenige Gerechtsame und anderenteils bedrohte er die Veringer mit Mord und Brand. Sie wandten sich Schutz suchend an König Rudolf, der ihnen Schutz gewährte und ihnen am 11. Oktober 1285 einen Wochenmarkt, auf jeden Dienstag abzuhalten, bewilligte.

Im Jahre 1315 gelangte Graf Wolfrad von Veringen noch einmal in einen Teil seiner ehemaligen Veringer Besitzungen, indem ihm König Friedrich und dessen Brüder Burg, Stadt und Dorf Veringen u. a. m. verpfänden. Aber der Ruin des Hauses konnte nicht mehr aufgehalten werden. Schon 1344 sieht sich Graf Heinrich gezwungen, die Grafschaft Veringen, soweit sie ihm von Österreich als Pfand versetzt ist, an Graf Eberhard und Ulrich von Württemberg zu verkaufen. Immer wieder machen sie sich auch Gewalttätigkeiten schuldig. So müssen 1326 Graf Wolfrad und Graf Heinrich geloben, mit den Bürgern zu Veringen im Frieden zu leben, sie nicht zu schlagen noch zu stossen, nicht abzufangen, nicht zu brandschatzen, nicht zu verläumden und zu keinen Diensten zu zwingen, wozu sie kein Recht hätten. Zehn Jahre später sind die Beiden im Kirchenbann und vom Besuch der Kirche ausgeschlossen, weil sie das Kloster Reichenau geschädigt haben.

Aber das einst so mächtige Geschlecht besass immer noch zu viel Ansehen und hatte durch seine ehelichen Verbindungen mit den edelsten Familien Schwabens zu starken Rückhalt, als dass es rasch zu Grunde gegangen wäre. Noch Jahrzente schleppen die Grafen ein Scheinleben mit ritterlichem Glanze hin, wenn auch rettungslos dem Siechtum verfallen. »Durch grossen unfall und unsorgsams liederlichs hausen neben einem grossen bracht (Pracht) sein sie nach und nach umb alle ihre güeter kommen und in aine solche armut geraten, dass man sagt, die letzten grafen von Veringen haben die settl ab den rossen verkauft«. So die zimmerische Chronik. Im Jahre 1415 stirbt der letzte Graf von Veringen, Graf Wölflin, und zwar, wie es heisst, zu Saulgau. Arm und unrühmlich, ein müder Greis schied er aus dem Leben. Ob man seine Leiche, wie Gabelkover berichtet, in der Kirche zu Hettingen, wo verschiedene seiner Vorfahren, die viel für das »Stift« getan, eine Ruhestätte gewährte, meldet kein Gedenkstein. Das Glück war dem letzten Veringer nicht hold, sonst hätte es ihm, dem Sprosse eines ritterlichen Geschlechtes, den Tod auf dem Schlachtfeld nicht vorenthalten. Graf Wölflin befand sich nämlich mit Herzog Leopold von Österreich in der Schlacht bei Sempach, die dem Herzog und so vielen hochangesehenen Edelingen das Leben kostete. Craf Wölflin kehrte mit den Geschlagenen zurück. Wäre der letzte Veringer in der Schlacht gefallen, so würde das ein würdigerer Abschluss gewesen sein. — Die fernere Geschichte der Graftschaft Veringen deckt sich bald mit der der Grafschaft Sigmaringen. Nicht lange blieb Veringen im Besitz Württembergs. Im Jahre 1399 tritt Graf Eberhard von Württemberg die Grafschaft Veringen, »als das unser Pfand ist von der Herrschaft zu Oesterreich« an den Grafen Eberhard von Werdenberg ab. Mit der Grafschaft Sigmaringen kam die Grafschaft 1533 nach dem Aussterben der Werdenberger an das Haus Hohenzollern und hiermit auch zu Frieden und Ruhe.

Das Wappen der Grafschaft: drei rote Hirschstangen in goldenem Felde ist das uralte Wappen der Grafen von Veringen. Nun hat es im Gesamtwappen der Hohenzollern, die sich in ihrem vollen Titel auch »Grafen von Veringen« nennen, seinen Ehrenplatz gefunden für alle Zeiten. — —

Nördlich der Stadt auf einem Bergrücken liegen die namhaften Überreste der einstigen mächtigen Burg. Ein steiler Staffelweg und schmaler Fahrweg führen nach kurzem Aufstieg zum Burgeingang. Die Veste bestand aus einer Vorburg und der eigentlichen Burg. Die Burg selbst mit einer Ringmauer von 3 m Stärke umfasste eine Grundfläche von 55 m Länge und 100 m Breite. Das Eingangstor, jetzt noch erhalten, liegt auf der Westseite; ein Rundbogentor aus Buckelquadern, innen mit einem flachen Gewölbe aus schön gefügten Bossenquadern abgedeckt. Die Verschlussvorrichtung des Tores sowie der Schlitz für das Fallgitter sind noch vorhanden. Innerhalb des eigentlichen Burgberings lag der Palas, der mächtige Bergfried und die Burgkapelle,

Abb. 53. Eingangstor zur Burg.

auch Peterskapelle genannt. Der Palas ist nicht mehr vorhanden, ist aber in der nordwestlichen Ecke des Burgberings zu suchen. Der einst so mächtige quadratische Bergfried von 15 m Seitenlänge und 9 m innerer Lichtweite steht nur als Stumpf etwa 10—11 m hoch, seiner einst so schönen, kräftigen Quaderverkleidung nach drei Seiten vollständig beraubt. Der Eingang lag auf der Südseite etwa 6 m über dem Burghof. Seinen Grundabmessungen entsprechend mag der starke Turm 3—4 Stockwerke und eine

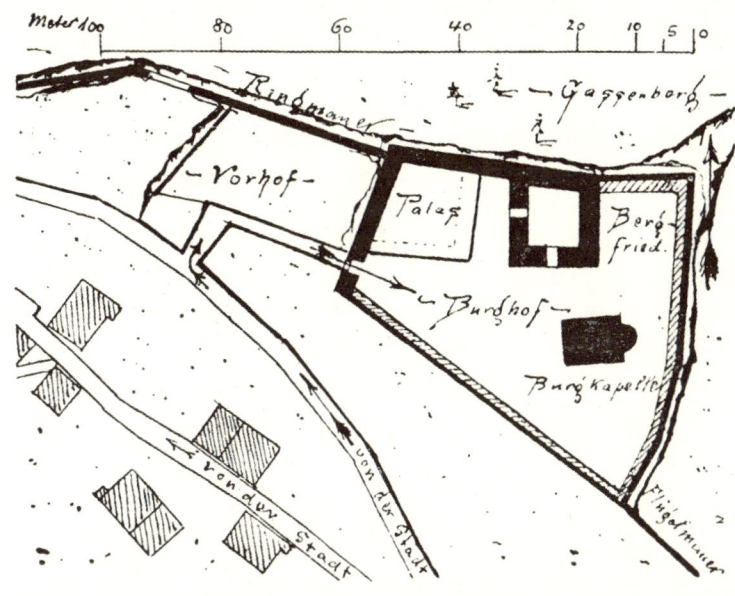

Abb. 54. Grundplan der Burg.

Höhe von 20—25 m gehabt haben. Er beherrschte durch seine Stellung (in der nördlichen Ringmauer) und seine Stärke nicht nur die nächste Umgebung, sondern auch die sich nach verschiedenen Seiten hin öffnenden Täler mit den sie umrahmenden Höhenzügen. Seine Wirkung muss eindrucksvoll gewesen sein. Etwa 15 m vom Bergfried entfernt zieht sich die Ringmauer von der Nordrichtung unter rechtem Winkel, die nordöstlich vorliegende Feldzunge, Gassenberg genannt, freilassend, östlich auf etwa 55 m Länge am Berghang hin und schliesst in spitzem Winkel abbiegend auf der Südseite am Burgtor wieder an. Der östliche und südliche Teil der Ringmauer fehlt. Die Burg-

Abb. 55. Burg, Burgkapelle und Pfarrkirche.

kapelle, ein kleiner, ursprünglich romanischer Bau mit halbrunder Absis ist noch vorhanden. Ein schachtartiges Gemäuer rechts an der Auffahrt zum inneren Burghof lässt auf den Brunnen schliessen. Die Vorburg liegt gegen Westen und ist gegen Norden durch eine auf Felsen ruhende Ringmauer abgeschlossen. Innerhalb dieser Vorburg lagen verschiedene Gebäulichkeiten, worauf die Fundamentreste und die noch sichtbaren Balkenlöcher in der Ringmauer hinweisen. Die nördliche Ringmauer zieht sich von der Hauptburg ab in einer Länge von etwa 115 m gegen das obere Tor am alten Weg nach Harthausen, wo einst ein Torturm stand. Von diesem Torturm und andererseits von der südlichsten Ecke des Burgberings der Hauptburg ziehen sich abgetreppte Flügelmauern gegen die beiden Haupttore des Städtchens, das »Sigmaringertor« und das »Gassentor«, hinab, die einst mit Türmen befestigt waren.

Das Städtchen selbst war durch die es im Halbkreis umfliessende Lauchert und eine davor liegende Mauer gesichert.

ACHBERG.

Abb. 56. Schloss Achberg.

Hohenzollern besitzt zwei ehemalige Deutsch-Ritter Ordens-Sitze: Achberg und Hohenfels. Diese beiden Burgen, welche dank dem Umstande, dass sie bis zu Anfang des 18. Jahrhunderts von dem geistlichen Ritterorden bewohnt wurden, noch gut erhalten sind, sodass man sie beziehen könnte, ragen unter den hohenzollerischen Burgsitzen durch ihre hohe landschaftliche Schönheit hervor. Das ist ganz besonders bei Achberg der Fall. Durch seine Lage unweit der Alpen, nur 11 Kilometer vom Bodensee (Lindau) entfernt, wurde es der südlichste Punkt der preussischen Monarchie. Die Exklave Achberg, von Bayern und Württemberg eingeschlossen, ist ein Besitztum von 1293 Hektar mit etwa 670 Einwohnern, die in einem Gelände wohnen, das in seiner malerischen Abwechslung von fruchtbaren Feldern, rauschenden Wäldern, grünen Bergen und dem fischreichen Flüsschen, der Argen, einem grossen Parke gleicht. König Friedrich Wilhelm IV. war von Achberg so entzückt, dass er den Plan gefasst hatte, auf dem Königsbühl, den er 1856 bestiegen, ein Sommerschloss zu errichten. Eine Linde bezeichnet die Stelle, wo der Monarch damals die herrliche Rundschau genoss. Der Schlossbau zerschlug sich jedoch.

Das Schloss Achberg liegt auf einem Bergrücken, der nach einer Seite jäh bis zum Bett der Argen abfällt, die in einer Tiefe von 66 Meter am Fusse des Berges dem Bodensee zurauscht.

Abb. 57. Glockentürmchen mit äusserem Tor.

Wo sich heute das Deutsch-Ritter-Ordens-Schloss erhebt, stand schon früher eine Burg, die 1335 zuerst erwähnt wird. Doch gehen wir keineswegs fehl, wenn wir eine Burg hier schon im 12. Jahrhundert annehmen. Im Jahre 1194 wird nämlich zuerst ein Konrad von Achberg (Ahperg) erwähnt, der freiherrlichen Geschlechtes gewesen sein muss, da seine Tochter 1227 nobilis femina genannt wird. Ob dieses Geschlecht ausstarb, lässt sich nicht sagen, doch finden wir Achberg im 13. Jahrhundert in Besitz der Grafen von Bregenz. Von diesen gelangte Achberg, wenigstens teilweise, an die Grafen von Montfort und von diesen kam der Besitz an die Waldburg. Im Jahre 1335 verkauft Johannes, Truchsess von Waldburg, dem Schelklin von Molbrechtshausen (später Molpertshausen) und dessen Bruder Johannes die Burg Achberg mit aller Zubehör um 600 Pfund Pfennige. Von da an tritt Achberg immer als österreichisches Lehen auf. Im Jahre 1352 kam Achberg an die Öder von Achberg, 1392 an Salesia Schelklin, eine Öder und Ehefrau Albrechts von Königseck. Hans Dyonisius von Königseck verkaufte 1530 Achberg an Ulrich von Sürgenstein um 7000 Gulden. Friedrich von Sürgenstein verkaufte dann 1691 ganz Achberg, wozu auch die Dörfer Esseratsweiler, Siberatsweiler und Doberatsweiler gehörten, um 64000 Gulden an den Deutsch-Ritter-Ordens-Komtur Franz Benedikt von Baden zu Altshausen. Hierdurch wurde Achberg eine Kommende der Landkomturei Altshausen, Balley Elsass und Burgund. Als

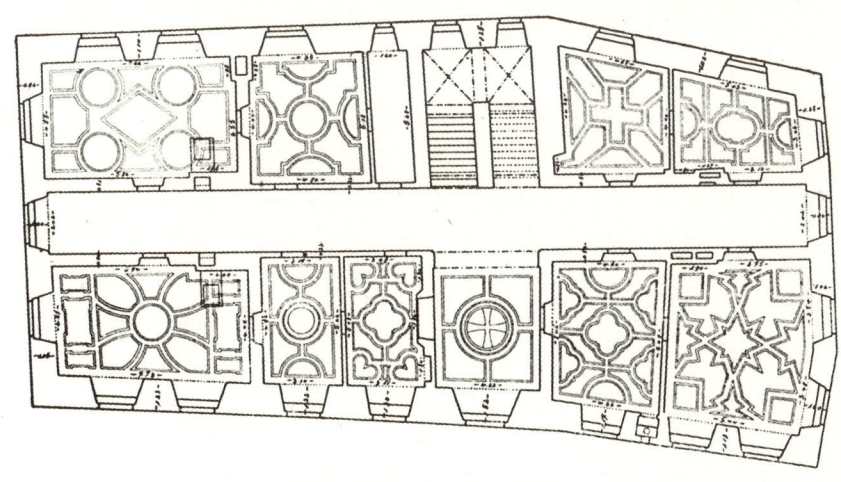

Abb. 58. Der Prunksaal.

Altshausen 1806 säkularisiert wurde, fiel Achberg an das fürstliche Haus Hohen-zollern-Sigmaringen zur Ent-schädigung für dessen in den Nieder-landen ver-lorenen Besitzungen.

Von da an bildete es bis zum Über-gang der hohenzolleri-schen Lande an Preussen ein Ober-vogteiamt.

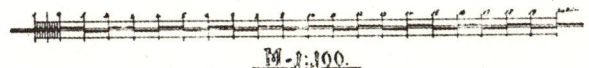

M-1:100.

Abb. 59. Grundriss vom 1. Obergeschoss.

Jetzt gehört es zum Oberamtsbezirk Sigmaringen; das Schloss ist fürstliches Eigentum. — —

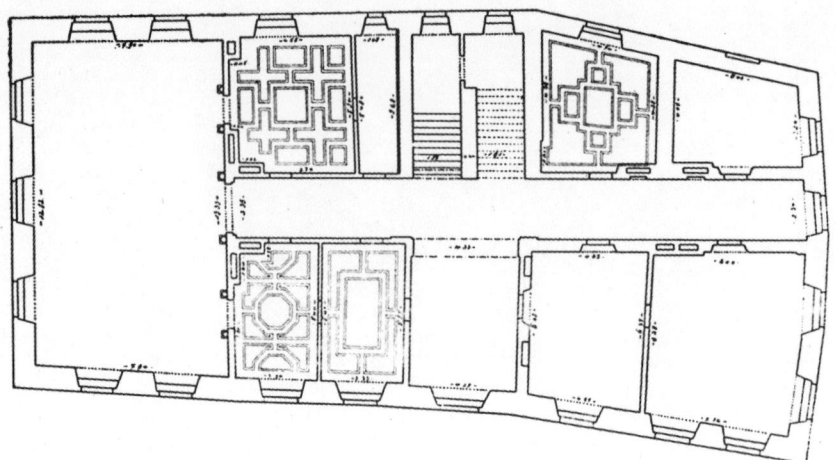

Abb. 60. Grundriss vom 2. Obergeschoss.

Das jetzige Schloss, an Stelle der früheren 1335 erstmals erwähnten Burg errichtet, enthält in den unteren Mauerteilen der Ostseite noch Reste der alten Burganlage. Der Bau wurde von Franz Benedikt von Baden in den neunziger Jahren des siebzehnten Jahrhunderts begonnen und 1700 beendigt. Der einfache dreistockige Bau mit hohem Giebeldach liegt nahe der Argen auf einem nach 3 Seiten steil abfallenden Bergrücken. Der Eingang führt von Osten her durch das äussere Tor an einem Rundturm (jetzt Glockenturm) vorbei über einen kleinen Vorhof durch das mit Halbsäulen und Wappentafeln geschmückte Hauptportal (s. Abb. 62) und die überbaute Auffahrt zur inneren Halle. An dieser Halle liegen gegen Westen die Schlossküche und sonstige Nebenräume, darunter der Schloss-

Abb. 61. Innere Saalansicht.

keller und die einfache zweiarmige Schlosstreppe. In den oberen Stockwerken trennt die einzelnen Schlossräume ein von Ost nach West führender Mittelgang. Der Hauptsaal liegt im zweiten Obergeschoss und nimmt die ganze Breite des westlichen Flügels ein. Er hat eine reichverzierte Stuckdecke. Auch die sonstigen Schlossräume zeigen Decken, teils mit bildlichen Darstellungen, in Stuck geschmückt. Im Mittelgang des zweiten Obergeschosses sind an der Decke Medaillons mit den Wappen verschiedener Deutschordensherren angebracht. Im ersten Medaillon von Osten her ist das Wappen des Käufers der Herrschaft mit der Umschrift: Fran. Bened. Freyherr v. Baaden. Röm. Kays. Mag. Rath. Land. Com. der. Bal. Elsass. und Burgund. Com. zu Altshausen. T. O. R. Käufer dieser Herrschaft und Auferbauer dieses Hauses. Anno 1700. Im ersten Obergeschoss ist eine kleine Hauskapelle mit einem Ölbild: heiliger Johannes Evang. mit der Aufschrift: Phil. Alb. Zehender pinxit 1700. Über dem rundbogigen Hauptportal ein von Wappentieren (Löwen) gehaltenes dreifaches Wappen. Im rechten unteren Schild das ⊞ Kreuz des deutschen Ritterordens. Im linken unteren gevierteten Schild in 1 und 4 dasselbe Kreuz, in 2 und 3 das Familienwappen des Franz Benedikt von Baden (vergl. Hohenfels: Zehntscheuer, Wappentafel), ein von Silber und Schwarz in vier Reihen geschachteter Schild. Im dritten

Abb. 62. Hauptportal.

(oberen) Schild das Wappen der Hochmeister des deutschen Ritterordens, schwarzes Kreuz in S., belegt mit einem s. in goldenen Lilien endenden Kreuze und dieses nochmals belegt mit einem Mittelschild, worin in G. ein schwarzer Adler (seit 1489 so geführt). Unter den drei Wappen die Inschrift: F. B. V. B. D. R. K. M. R. L. D. B. E. V. B. C. Z. A. T. O. R. Käufer dieser Herrschaft Achberg anno 1693.

Über dem Wappenfeld in einer Muschelnische eine Madonna mit dem Jesuskind.

Abb. 63.   Innere Saalansicht.

Rechts vom Toreingang im kleinen Vorhof liegt das Amtshaus, fiskalisches Eigentum, ohne architektonisches Interesse.   Nahe beim Schlosse in östlicher Richtung befindet sich die fürstliche Domäne, der sog. Kameralhof, auch Bauhof genannt.   Am Wohnhaus und der Scheuer sind Wappentafeln mit dem Wappen des obenerwähnten Komthurs und der Jahreszahl 1693 angebracht.

BITTELSCHIESS

siehe bei Hornstein.

BUBENHOFEN.

Das Geschlecht der Herren von Bubenhofen war ein ausserordentlich verzweigtes.   Träger dieses Namens begegnen uns in vielen Gegenden Süddeutschlands.   Ihre Stammburg stand bei Deisslingen im württembergischen Oberamte Rottweil.   Im 14. und 15. Jahrhundert erwarben sie viele Besitzungen, auch im heutigen Hohenzollern, wie Gammertingen u. a. m.   Über die Burg in Grosselfingen ist sehr wenig bekannt, jedenfalls spielte sie keine besondere Rolle. —

Am südwestlichen Ende des Ortes liegen auf einem nach drei Seiten steil abfallenden Felshügel wenige Reste der Burg. An deren Fuss befand sich einst ein grosser Weiher, dessen Staudämme noch sichtbar sind. Die Ringmauer war auf die Hügelkante gesetzt und folgte dem Laufe des Felsens. Auf der äussersten westlichen Spitze stand ein kleines Tor, welches zum Weiher führte. Das Wohnhaus lag gegen Süden; am südlichen Ende des jetzigen Schafstalls sind Reste eines Rundturmes erkennbar. Der Haupteingang befand sich gegen Osten dem Orte zu. Dort wie auch auf der Nord- und Westseite fehlt die Ringmauer. Die massive Scheidewand zwischen Schafstall und Zehntscheuer ist als ein Teil der Ringmauer anzusehen. Demnach war die älteste Burganlage von kleiner Ausdehnung und vier oder fünfeckiger Grundform. Später hat die Burg gegen Nordosten, dem Hügelrand folgend, Erweiterung erfahren Dort liegt noch ein Gebäude mit grosser Kelleranlage. Etwa 600 m in nordwestlicher Richtung jenseits des Talbachs liegt die Quellstube für den ehemaligen Schlossbrunnen, an welchem das Wappen der Herren von Bubenhofen noch vorhanden ist. Die Quelle speist jetzt noch einige Brunnen des Pfarrdorfes. Oberhalb des Dorfes lag einst ein zweiter Weiher, von dem auch Dämme sichtbar sind. Dieser stand mit dem untern Weiher in Verbindung. Die Flurnamen der dortigen Wiesen heissen noch »Oberer Weiher« und »Unterer Weiher«. Nahe der Burg am Reichbrunnenbach lag die Mühle.

BURLADINGEN.

Abb. 64. Nördliche Ansicht des ehemaligen Jagdschlösschens.

In dem Marktflecken Burladingen baute sich Bischof Friedrich von Augsburg, ein Sohn des Wiedererbauers der Burg Zollern Jos Niklas I. im Jahre 1485 ein Jagdschlösschen, das 1670 und 1736 erneuert wurde, 1886 teilweise abbrannte. Das Schlösschen ist von quadratischer Grundform mit vier weit vorspringenden, an den Stirnseiten abgerundeten Flügelbauten. Am nördlichen

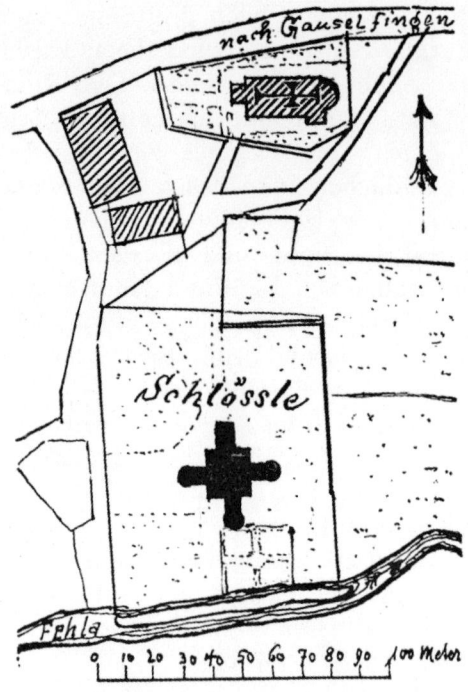

Schlössle

Fehla

0 10 20 30 40 50 60 70 80 90 100 Meter

Abb. 65. Übersichtsplan.

Flügelbau, der Kirche zu, lag das Einfahrtstor in die untere Halle. Das Schlösschen stand einst inmitten eines geräumigen Gartens, der von einer teilweise noch vorhandenen Umfriedigungsmauer eingeschlossen war und auf der Südseite hart an das kleine Flüsschen Fehla stiess. In der nördlichen Umfriedigungsmauer soll ein Torturm mit Plattform, zugleich Glockenturm, gestanden sein, der in den sechziger Jahren des neunzehnten Jahrhunderts abgebrochen wurde. Ziemlich erhalten ist noch der östliche und südliche Flügel des Schlösschens, sonst ist alles umgebaut (jetzt Brauerei).

DETTENSEE.

An der Nordgrenze Hohenzollerns liegt das Pfarrdorf Dettensee, das in den Rahmen unserer Besprechung gehört, wenn es auch trotz seines hohen Alters, keine mittelalterliche Burg besitzt und auch kein Ortsadel aus früherer Zeit nachgewiesen werden kann. Gleichwohl ist Dettensee uralt; denn schon 816 schenkt ein Perahtlant dem Kloster St. Gallen alle seine Besitzungen in villa Tatinse nuncupata, in dem Dettensee genannten Weiler. Es ist ein echt mittelalterlicher Akt, der hier vorgeht. Perahtlant macht die Schenkung durch die Hand eines Zwischenmannes (seines Vogtes) zum Heile seiner Seele, wogegen er sich im Kloster bis zu seinem Tode Nahrung und Wohnung (nutrimentum et aptum conservandi locum) ausbedingt. Es ist also eine im modernen Sinne ausgedrückte Leibrente-Versicherung. Bei der Handlung, die zweifellos mit den damals gebräuchlichen sinnigen Symbolen vorgenommen wurde, waren anwesend: der Schenker, sein Vogt und eine Reihe von Zeugen, deren Namen recht charakteristisch sind: Anzo, Nandger, Otpert, Adalhart, Wolfger, Sigimar, Wolfho, Adalho, Withert, Thiotpert, Namen, die alle eine Bedeutung haben.

Das Kloster St. Gallen verkaufte Dettensee später an die Grafen von Nellenburg. Bei diesen blieb es bis zum Aussterben der Besitzer, worauf Graf Christoph von Hohenzollern-Haigerloch Dorf und Schloss Dettensee 1595 erwarb. Schon im folgenden Jahre kam Dorf und Schloss unter Vorbehalt des Wiederkaufrechtes an Wildhans von Neuneck, und von diesem kauften es die Brüder Johann Christoph und Karl von Hohenzollern-Haigerloch 1620 zurück. Graf Karl hatte Dettensee seiner Gemahlin Rosamunde, Gräfin von Ortenburg, als Morgengabe verschrieben, von der es nach dem Tode des Grafen Karl an ihren dritten Ehegatten Freiherr Keller von Schlaitheim kam, indem Fürst Meinrad I. von Hohenzollern-Sigmaringen Dorf und Schloss dem Genannten um 25363 Gulden abtrat. Dieser verkaufte beides an den Fürsten Franz Anton von Portia, doch wurde dieser Kauf nicht dauernd vollkommen; denn 1715 tritt Keller von Schlaitheim Dettensee um 31200 Gulden mit allem Zubehör an das Stift Muri ab, von dem es 1803 wieder an das Haus Hohenzollern-Sigmaringen fiel (s. Glatt). Jetzt gehört Dettensee zum preussischen Oberamt Haigerloch.

Von dem früheren Schlosse, das Dompropst Graf Christoph Ladislaus († 1591) erbaute, wurde der Hauptbau zu Anfang des 19. Jahrhunderts abgebrochen. — —

Es war eine mit hoher Mauer umfriedigte Schlossanlage in rechteckiger Grundform von etwa 60 m Länge und 50 m Breite und lag am nordöstlichen Ende des Pfarrdorfes. An den vier Ecken befanden sich Rundtürme, von denen der südöstliche noch erhalten ist. Der Hauptzugang zum Schlosshof lag auf der Nordostecke nahe dem Rundturm. Das rundbogige Einfahrtstor ist noch vorhanden. Innerhalb des Schlosshofes lagen ausser dem eigentlichen Schloss, das Beamtenhaus (Vogthaus) und die Zehntscheuer. Das ehemalige Schloss, das gegen Osten hart an die Ringmauer stiess, war ein Bau von etwa 25 m Länge und 20 m Breite. Der Eingang lag auf der Nordseite, in der nordöstlichen Ecke befand sich ein Treppenturm. Die Schlosskeller sind noch vorhanden. Das noch bestehende Beamtenhaus ist an die südliche Ringmauer angelehnt; es zeigt steinerne, geschweifte Giebel und mag in der zweiten Hälfte des siebenzehnten Jahrhunderts entstanden sein. Neben dem Beamtenhaus liegt ein zweites Tor, das über eine Brücke und den Graben zum Schlossgarten führte. Die grosse Zehntscheuer liegt auf der Westseite. Das Schloss war von einem Graben umgeben und ist als ein Wasserschloss anzusehen, zu dessen Umwässerung wohl die in der Nähe liegenden Weiher dienten.

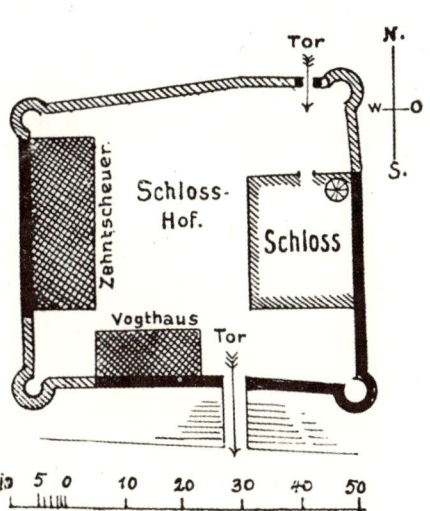

Abb. 66. Schloss Dettensee (Grundriss).

DIESSEN.

Es gibt kaum einen Ort in Hohenzollern, der einen so ausgesprochenen Schwarzwald-Charakter besitzt, wie Diessen: enges Tal, dunkle Tannenwaldung und lustig rauschender, von Stein zu Stein springender Bach. Das Tal führt den bezeichnenden Namen: Fischbachtal. Diessen ist ein alter Ort und wird schon 1082 genannt. Sein Name hat im Laufe der Zeiten wenig Änderungen erfahren. Es heisst 1082 Tiezzo, 1370 Dyssen und dann stets Diesen und Diessen. Es leitet seine Bezeichnung von dem althochdeutschen diuzan = rauschen ab, mithin eine Stelle, wo Wasser besonders stark rauscht, was hier zutrifft.

Diessen hat schon in früher Zeit Ortsadel besessen, der aber nicht lange in Besitz der Burg und der zugehörigen Güter blieb; denn wir treffen zu Anfang des 14. Jahrhunderts mehrere adelige Besitzer zu Diessen. Neben den ursprünglichen Herren von Diessen — 1334 wird noch Ulrich der Diesser genannt und 1338 Wolf der Diesser — befinden sich auch die Herren von Ow und die Hülwer von Steinhülwen (Schenkenzell), zu denen bald noch die von Neuneck als Besitzer kamen.

Abb. 67. Ansicht der Ruine.

Unserem Diessen ging sogar noch ein Altdiessen voraus. Spärliche Reste einer Burg liegen in der Nähe vom Fischbachtal im Engental, früher Ingenstall genannt. Es ist ja eine häufige Erscheinung, dass sich im Mittelalter verschiedene Herren in den Besitz ein und derselben, nicht einmal grossen Burg teilen. Das ist bei Diessen auch der Fall, was sich daraus erklärt, dass jedes Besitztum, mochte es noch so klein sein, eigen oder Pfandschaft, fortwährend als Pfand versetzt wurde, um Geld zu machen, Schulden zu decken, oder als Bürgschaft zu dienen. So finden wir 1372 Hug von Talheim, Albrecht von Ow und Dietrich den Hülwer als Besitzer von Diessen, und dabei war die Burg Lehen der Herren von Geroldseck, die im Neckartal ihren Wohnsitz hatten. Am 23. Juni verkauft Hermann von Ow seinen Anteil an der Burg Diessen, »wie er mit Graben und Mauern versehen ist«, dem Geryen (Jörg) von Neuneck.

Bald darauf eroberte Graf Eberhard von Württemberg die Burg, musste sich aber 1396 wegen des angerichteten Schadens mit Hans von Ow (der also auch noch dort sass) vergleichen und desgleichen 1401 mit Markgraf Bernhard von Baden, der in die Rechte der Geroldsecker eingetreten war, allerdings nur vorübergehend. Die Sache lag so: Georg von Neuneck zu Diessen war oberster Hauptmann des Schleglerbundes. Deshalb nahmen die Württemberger u. a. auch Diessen ein. Da aber Hans von Ow und Dietrich Hülwer Mitbesitzer von Diessen waren, beanspruchte von Ow Schadenersatz, und Baden ebenfalls.

Im Jahre 1464 leiht Jörg von Geroldseck dem Hans von Neuneck ein und ein halbes Drittel der Burg und des Burgrechtes, wahrlich ein recht verzwicktes Besitzverhältnis. Achtzehn Jahre später verkaufen die Brüder Eberhard und Hans von Ow dem Ritter von Neuneck ihren ererbten Teil an dem Burgstall Diessen, als Lehen von Geroldseck. Aber in demselben Jahre wird es auch wieder Schloss genannt.

Nicht nur der Württemberger Graf Eberhard belästigte Diessen, auch die Überlinger zogen am 31. Oktober 1458 mit 200 Mann und 36 Pferden gegen Diessen, von wo sie Jörg von Neuneck vertrieb. Bittere Feindschaft, die an der Tagesordnung war zwischen Reichsstädten und Adel, machen einen solchen, für jene Zeit weiten Zug, der durch eine Reihe anderer Gebiete führte, begreiflich. Und als 1514 die Bewegung des Armen Konrad ganz Schwaben ergriff, da zogen aufrührerische Bauern auch gegen Diessen, das 1491 wieder durch Bauten ausgebessert worden. Abermals litt Diessen 1525 durch die Bauern im Bauernkriege, die es eroberten und schädigten.

Im Jahre 1499 liehen die von Geroldseck Diessen dem Burkhard von Ehingen und 1556 an die von Wernau, von denen es erbweise an die Schenk von Stauffenburg fiel, die dann 1708 Diessen mit allem Zubehör an das Kloster Muri verkauften (s. Glatt).

Abb 68. Zerstörung einer Burg im Bauernkrieg.

Diessen bildete nun einen Bestandteil der Klosterherrschaft Muri bis 1803, wo dieselbe an das Haus Hohenzollern-Sigmaringen fiel. Heute gehört Diessen zum preussischen Oberamt Haigerloch. — —

Der Burgweg führt von Osten her nach kurzem Anstieg am Ringgraben vorbei längs der hohen östlichen Ringmauer (s. unten) zum Burgtor. Das Tor zeigt Spitzbogen, doppelten Torverschluss und Torhäuschen, das Ganze einst Tortum. In der Toreinfahrt ist eine Seitenpforte mit der Jahreszahl 1564. Durch das Tor tritt man in den kleinen Burghof, der nördlich von einem Wirtschaftsgebäude, darunter Schlosskeller, südlich von einer aus Tuffsteinquadern hergestellten Stützmauer begrenzt wird. Am westlichen Eingang des Wirtschaftsgebäudes befindet sich die Jahreszahl 1768. Vom westlichen Ende des Hofes führt der Aufgang zum Wohnhaus. Das Eingangstor liegt auf der Ostseite, es ist ein Bogentor, jetzt zur Hälfte verschüttet; die alte Verschlussvorrichtung, sowie eine Schiess-

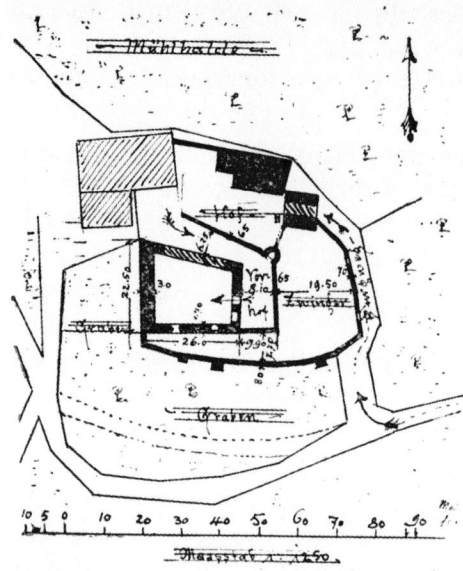

Abb. 69. Grundplan der Burganlage.

schartenöffnung ist noch sichtbar. Über dem Tor ist in rechteckiger Umrahmung das ehingensche Wappen von einem heil. Christophorus gehalten; dabei die Inschrift Junker Hans von Ehingen 1555; am Wappen ein Steinmetzzeichen. Der Palas ist grösstenteils zerstört, die nördliche Aussenwand fehlt ganz, von der südlichen Langseite stehen noch Reste; die östliche Giebelseite ist noch mit einem Teil des Giebeldreiecks, die westliche Seite auf etwa 5 m Höhe erhalten. Die westliche Mauer ist stärker (3 m) als die übrigen Umfassungsmauern (1,70 m) und diente zugleich als Mantelmauer zum stärkern Schutz gegen die Bergseite. Dieser Mantelmauer ist gegen Westen und Süden ein Graben vorgelegt, nach den übrigen Seiten fällt der Hang steil ab. Die Mantelmauer ist dem ursprünglichen Bau zuzuschreiben.

Auf der Süd- und Ostseite sind noch Reste von grossen zwei- und dreiteiligen Fenstern aus roten Buntsandsteinen mit profilierten Gewänden ersichtlich. Auch sind mehrfach Steinmetzzeichen an diesen erkenntlich. Die Umfassungsmauern sind im Kern aus Muschelkalksteinen hergestellt mit grossen Verkleidungsquadern aus Tuffsteinen und Eckquadern aus roten Buntsandsteinen; Bausteine, die sich jetzt noch in dortiger Gegend vorfinden. Auf der Ostseite ist dem Hauptbau ein kleiner Vorhof vorgelegt, an dessen Nordostecke ein kleiner Rundturm anschloss. Diesem Hof liegt weiter östlich etwa 5 m tiefer ein grösserer Zwinger vor, der mit einem Wehrgang mit Schiessscharten abgeschlossen ist. Der Zwinger wird durch steinerne weit vorspringende Wasserspeier entwässert. Zwischen dem Torhaus und dem kleinen Rundturm war der Zwinger durch eine Mauer abgeschlossen. Der Ansatz der Mauer ist am Rundturm noch ersichtlich. Die äussere Ringmauer ist aus mächtigen, schön gefügten Tuffsteinquadern hergestellt und führt in einer Höhe von 7—8 m vom Burgweg beziehungsweise dem südlich vorgelegten Graben gerechnet, spitz zulaufend auf die südwestliche Ecke des Palas zu. Die jetzige Ruine ist der Rest jener zum späteren Schloss erweiterten ehemaligen Burg. Die Nebengebäude sind noch bewohnt.

Auf einem Bergrücken, etwa 1 Kilometer unterhalb der Hauptburg, lag ein Burgstall, jetzt gänzlich zerstört.

DIETFURT.

Beinahe genau in der Mitte zwischen Sigmaringen und Falkenstein liegt malerisch auf hohem Felsen die ehemalige Burg Dietfurt, jetzt Ruine. Sein Name: Volksfurt — diet das Volk (ahdsch. diota, Nation, Volk) — lässt schon an und für sich auf ein hohes Alter schliessen. Die Furt ist heute noch deutlich erkennbar. Unter den Schenkungen, die Gerold, der am 1. September 799 gefallene Schwager Karls des Grossen, dem Kloster Reichenau machte, wird auch ein Dietfurt genannt. Wenn auch nicht zweifellos feststeht, dass es unser Dietfurt ist, was dort aufgeführt wird, so spricht andererseits aber auch nichts dagegen. Anlässlich des Eisenbahnbaues durch das Donautal wurden nahe bei Dietfurt wertvolle Funde gemacht, die weit vor das achte Jahrhundert zurück-reichen und der Ausrüstung eines Edelings aus der Zeit kurz nach der Völker-wanderung angehörten (jetzt im Museum für Völkerkunde, Berlin).

Wir finden sodann vor 1095 drei Brüder Heinrich, Heberhardus (Eberhard) und Herimannus (Hermann) von Dietfurt als Zeugen bei der Gründung des Klosters Alpirsbach, und da die Brüder unmittelbar nach den Grafen auf-geführt werden, ist zu schliessen, dass es angesehene Männer waren. Als

Abb. 70. Burg Dietfurt mit der ehemaligen Mühle.

1125 eine neue Urkunde über Alpirsbach ausgestellt wurde, da sind auch die Brüder von Dietfurt wieder als Zeugen anwesend. Es ist nicht zutreffend, dass

Dietrich von Nusplingen Dietfurt gegründet und seine Frau Adelheit sich von Dietfurt-Nusplingen genannt hat. Auch fiel Dietfurt nach dem Aussterben der Edeln von Dietfurt nicht an die Brüder der Adelheit, Gattin des Grafen Alwik von Sulz; denn diese Adelheit von Nusplingen war die Erbtochter des Heinrich von Nusplingen, hatte keine Brüder und ging in das Kloster Zwiefalten. Im Jahre 1274 wird zum ersten Male Dietfurt castrum genannt. Selbstredend ist aber die Burg viel älter; denn die 1095 aufgeführten Brüder besassen zweifellos daselbst schon eine Burg, und sodann weist der noch vorhandene stattliche Bergfried auf eine frühere Zeit als 1274. Was uns interessiert, ist, dass Dietfurt damals Reichslehen war. Die ortsansässigen Edeln von Dietfurt waren schon 1132 ausgestorben. In jenem Jahre nun verzichtet Berthold, Truchsess von Waldburg, in Gegenwart König Rudolfs auf das vom Reiche zu Lehen getragene Schloss Dietfurt mit Zubehörden zu Gunsten des Grafen Mangold von Nellenburg, erhält es aber von diesem wieder zurück als Afterlehen. Als nellenburgisches Lehen erhielten dann später die allenthalben begüterten Reischach Dietfurt. Wir wollen aber erwähnen, dass Dietfurt schon 1253 in Besitz des Truchsess Berthold von Rohrdorf (Waldburg) war, der auf Dietfurt seinen Sitz hatte, und es in einer Urkunde von 1253 Ditwrt nennt, während Hugo von Montfort in einer Urkunde von 1257 deutlich Dietfurt schreibt. Es scheint demgemäss, dass Dietfurt erst Reichslehen der Grafen von Montfort war und dann an die Grafen von Nellenburg kam.

Im Jahre 1421 verkaufen die Brüder Egg und Heinrich von Reischach Dietfurt als nellenburgisches Lehen an Anna, Gräfin von Werdenberg, worauf Graf Eberhard von Nellenburg am 24. Juni 1421 der Käuferin, die seine Muhme ist, die Veste Dietfurt eignet. Trotzdem hielten die Reischach noch lange den Titel von Dietfurt bei, wiewohl sie eine Berechtigung hierzu nicht mehr besassen. Diese Anna von Werdenberg war eine Tochter des Freiherrn Johann von Zimmern († 1416) und hatte Eberhard II. von Werdenberg geheiratet. Bösen Leumund giebt ihr die zimmerische Chronik und nennt sie die zimmerische Tullia. Bezüglich Dietfurt erzählt sie Folgendes: Als ihre Mutter, Frau des Freiherrn Johann von Zimmern, gestorben sei, habe sie

Abb. 71. Umschrift: S. Pelaig (Pelagius) von Rischag 1506.

sich unter einem Vorwand vom Begräbnis ferngehalten, dann aber, während ihr Vater ahnungslos die Leiche von Schloss Seedorf nach Messkirch überführte, rasch allen Hausrat, der vorhanden gewesen, Betten, Silbergeschirr und was nur an fahrender Habe vorhanden war, aus Seedorf geplündert und nach Dietfurt gebracht. Am 1. März 1445 sei sie zu Dietfurt gestorben und zu Inzigkofen, einem Kloster unterhalb Dietfurt, begraben worden. — Dass zu Dietfurt, welches viel umfangreicher war, als es auf den ersten Blick vermuten lässt, lange Zeit Haushaltung gewesen ist, das beweisen die zahlreichen Küchenabfälle und Scherben, die unten am Felsen bei der Mühle bis in die Neuzeit gefunden wurden.

Dietfurt bildete in der alten Grenzbeschreibung der Grafschaft Sigmaringen eine Marke. So heisst es 1460: »von Buttelbronnen (bei Kreenheinstetten) gen Dietfurt in das mulrad« etc. Wir sehen daraus, dass vor 1460 schon die Mühle unten am Burgfelsen lag. Auf unserer Abbildung ist die alte Mühle noch sichtbar; die jetzige ist neu erbaut. Im Jahre 1468, Juni 6, schliesst eine grosse Anzahl vom Hochadel ein Schutz- und Trutzbündnis gegen die Rauf- und Fehdelust so mancher Edelleute. Unter den festen Plätzen, die genannt werden, ist auch Dietfurt, damals, wie wir schon sahen, werdenbergisch. Nach Aussterben der Grafen von Werdenberg 1534 (s. Sigmaringen) fiel Diet- furt an das fürstenbergische Haus, bei dem es blieb und mit dem Vogteiamte Jungnau, zu dem es geschlagen wurde, dessen Schicksale teilte. Im Jahre 1806 kam es unter die Souveränität der Fürsten von Hohenzollern-Sigmaringen; dagegen sind die Bürger zu Dietfurt Eigentümer der Ruine. — —

Die Ruine liegt hart am rechten Ufer der Donau auf massigem schroffem Felsklotz, der nur gegen Süden flach abfällt. Von Süden her zieht sich der alte Burgsteig über einen jetzt aufgefüllten Graben und eine Felszunge gegen das Burgtor hin, welches an der jetzigen Durchbruchstelle der südlichen Ring- mauer zu suchen ist. Diese Ringmauer ist noch in Resten vorhanden, sie zeigt vielfach Gerüstlöcher und hatte eine Stärke von 1,8 m. Innerhalb der Ring- mauer in einem Abstand von 4 m von dieser ist noch ein Mauerstück aus schön gefügten Quadern sichtbar, das als ein Rest der Umfassungswand des Palas anzusehen ist. Weiter gegen Nordosten lag der Küchenbau. Zwischen Palas und westlicher Ringmauer führt der Burgsteig steil ansteigend zu dem auf der höchsten Stelle liegenden Bergfried.

Der Turm mit mächtigen weit ausladenden Bossen- quadern an den Ecken ist 8,27 m breit und 8,60 m lang bei einer Mauerstärke von 3 m. Die Bekrönung des Turmes, der jetzt noch eine Höhe von 11,32 m — am höheren Teil, gegen Nor- den, von 15,48 m — hat, fehlt. Die alte Eingangspforte liegt gegen Osten 5—6 m über dem Boden. Der jetzige Durchbruch zu ebener Erde rührt aus neuester Zeit her, auch ist der Boden am Fusse des Turmes später aufgefüllt worden. Die Ein- gangspforte ist halbkreisförmig, 0,73 m, weit 1,9 m hoch, innen und aussen aus schön gefügten Sandsteinquadern hergestellt.

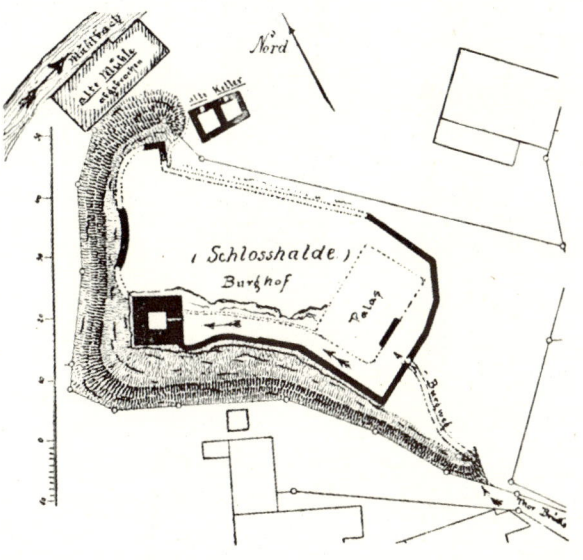

Abb. 72. Grundplan der Burg mit der ehemaligen Mühle.

Die Durchgangsöffnung zwischen der äusseren und inneren Türe ist mit einem flachen auch aus Sandsteinquadern hergestellten Tonnengewölbe überdeckt, während der Turm im übrigen aus Kalksteinquadern aufgeführt ist. Die Pforte hatte zweifachen Verschluss. Die alte Verschlussvorrichtung d. h. die Öffnungen für die Verschlussriegel sind beiderseits deutlich sichtbar, auch finden sich noch weitere Öffnungen, in denen nach dem hinterlassenen Abdruck im Mörtel zu schliessen, Holzstücke (Dübel), eingesetzt waren, an welchen wohl die Türen beweglich befestigt wurden. Der doppelte Verschluss diente einerseits zur Sicherung gegen Aussen, andererseits gegen Innen auch zum Verschluss des Burgverliesses, das unter dem Eingangsstockwerk lag. Das Verliess hatte kein direktes Licht, war etwa 6 m hoch und eben abgedeckt. Von der ehemaligen Balkenlage ist noch ein mächtiger eichener Balken vorhanden. Das Eingangsstockwerk ist mit einem Tonnengewölbe aus schönen, gefügten Quadern überdeckt, 3,24 m im Licht weit, und gegen Norden und Westen durch schmale Fensterschlitze beleuchtet. Der west-

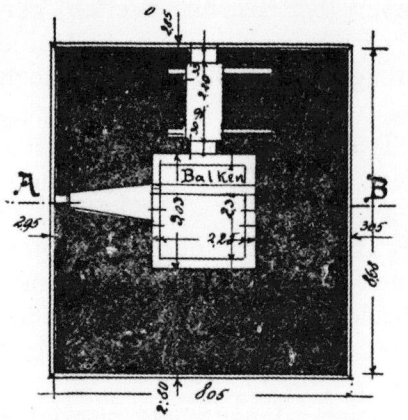

Abb. 73. Grundriss des Bergfrieds in der Höhe des Eingangsstockwerks.

liche diente zugleich zur Beleuchtung des Treppenaufgangs, welcher im oberen Teil der Aussenwand eingebaut ist. Dieser Aufgang führte zur ehemaligen Plattform über dem Gewölbe, die ein Zinnenkranz abschloss, von dem noch zwei grosse Eckquader vorhanden sind.

Die alte Furt führte etwa 100 bis 120 m unterhalb des jetzigen Brückenübergangs ziemlich rechtwinkelig über den Fluss. Am linken Ufer sind die Böschungseinschnitte noch deutlich erkennbar.

Am nördlichen Fusse des Burgfelsens, nächst der Baustelle der alten abgebrochenen Mühle, liegt noch ein Keller mit Rundbogeneingang; der Keller stand einst durch einen Fusssteig mit dem nordöstlichen Burgteil in Verbindung. Auf der Nordost- und Nordwestseite fehlt die Ringmauer, nur spärliche Mauerreste zeigen, dass eine solche vorhanden gewesen sein muss. Auch auf der nördlichsten Felsspitze sind Mauerreste eines Turmes erkennbar. Der Burghof fällt stark von Süd nach Nord ab. Unter den Mauerresten

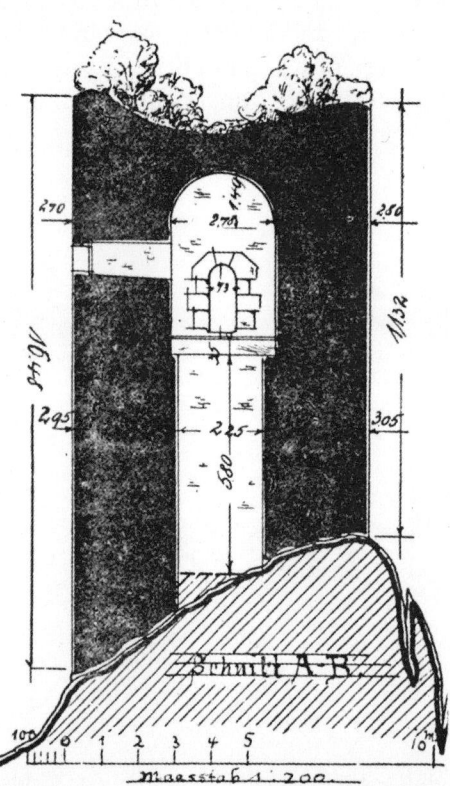

Abb. 74. Schnitt durch den Bergfried.

gegen Süden, wo das Wohnhaus lag, zeigt sich noch ein Kellergewölbe, auch eine tiefe Felsspalte, welche in westlicher Richtung streicht. Die jetzt teilweise verschüttete Spalte mag einst eine Ausmündung ins Freie an der Felswand gegen Westen gehabt haben. Die Ausmündung ist aussen türartig abgeschlossen und diente vielleicht als Notausgang. Auf der Südseite hart am Fusse des Felsens liegt auf einem aufgefüllten ehemaligen Graben ein Bauernhof.

VILLA EUGENIA.

Abb. 75. Villa Eugenia.

Das auf dem Wege von der Stadt Hechingen zum Brühlhof in grossem, schönem Garten liegende Schlösschen Villa Eugenia besteht in seiner heutigen Form erst seit 1833/34. Der Mittelbau war zwar damals schon vorhanden als Garten-Pavillon, führte aber nicht den Namen Villa Eugenia, den er erst nach seinem Ausbau durch die Erbprinzessin Eugenie von Hohenzollern-Hechingen erhielt. Mit dem Jahre 1834 verlegte das erbprinzliche Paar, Friedrich Wilhelm Konstantin und Eugenie, seine Residenz vom Lindich in die Villa. Liszt wohnte 1844 über einen Monat als Gast des Fürsten dort, beziehungsweise in einem Nebengebäude. Anlässlich der Huldigungsfeier 1851 stieg Friedrich Wilhelm IV. in der Villa Eugenia ab. Im Jahre 1873 wohnte die ganze fürstlich-hohenzollerische Familie auf der Villa (s. Lindich), wie auch in der Folgezeit der Fürst und die Fürstin von Hohenzollern oftmals in der Villa auf kürzere und längere Zeit Wohnung nahmen.

Der mittlere Teil mit dem ovalen Kuppelbau stammt aus den siebenziger Jahren des achtzehnten Jahrhunderts und wurde unter Fürst Josef Wilhelm von Hohenzollern-Hechingen (1750—1798) erbaut; im Jahre 1833 unter dem damaligen Erbprinzen Friedrich Wilhelm Constantin in seiner jetzigen Gestalt, nicht zum Vorteil, umgebaut und erweitert. Der ovale Mittelbau, durch 2 Stockwerke gehend, wird durch Flügeltüren und quadratische Fenster beleuchtet. Er zeigt

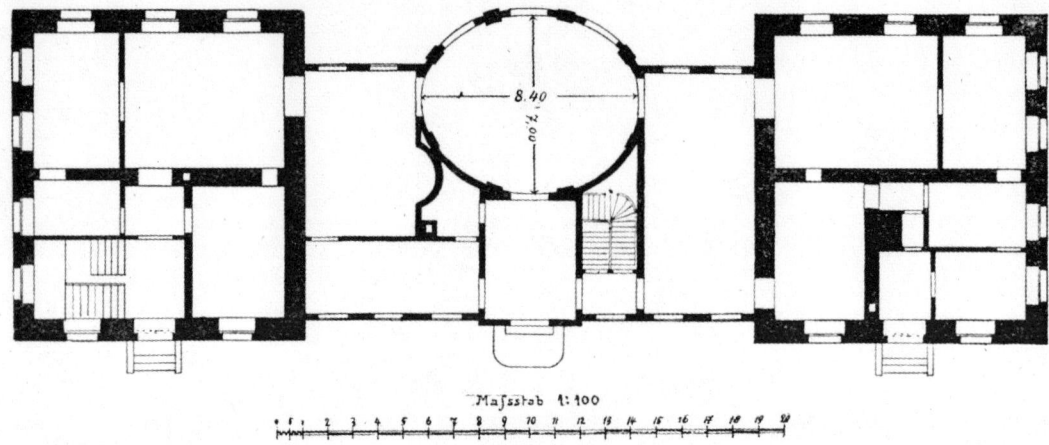

Abb 76. Grundplan zu ebener Erde.

nach aussen einfache jonische Pilasterarchitektur, innen ebene Decke mit Mittelfeld, Fries und Felderteilung mit Stuckornamenten. Über dem Mittelbau liegt ein Kuppeldach mit Plattform, die Seitenflügel sind mit schweren, grossen Giebeln abgeschlossen.

FALKENSTEIN.

Herrlich ist es, durch das obere Donautal am murmelnden Flusse entlang zu wandern, ungemein lohnend der Aufstieg zu den schwindelerregenden Höhen, wo die Sonne den Pfad und die Felskämme schon golden erglänzen lässt, während unten noch dichter, weisser Nebel lagert und an den steil aufsteigenden Bergen ein lustiger, wilder Kampf wogt zwischen den vordrängenden Lichtstrahlen und den eigensinnigen Nebelgestalten, die nicht wollen, dass der blaue Himmel sich widerstrahle im krystallhellen Flusse. Für Jäger und Fischer war hier immer guter Jagdgrund, und prächtig, wenn auch beschwerlich, ist es zur Winterzeit in den wild zerklüfteten Felsen zu jagen, wenn der Fuss tief in den Schnee einsinkt, jeder Schuss das donnernde Echo der Berge erdröhnen lässt und von der Hochebene das Auge schwelgt im Anblick der gewaltigen Alpenkette, von den ernsten Herren des Berner Oberlandes bis zu den dichter und enger gestellten Firnen Tirols und Oberbayerns. Aber unwirtlich ist es für den Landmann. Dem erwächst dort unten im Tale wenig Gewinn; er muss in mühsamer Arbeit seine Felder auf den Abhängen und den Höhen aufsuchen und bestellen.

Oberhalb des ehemaligen fürsten-bergischen Hüttenwerkes Tiergarten, das jetzt still und verlassen daliegt, erheben sich auf der Höhe des bewaldeten Gebirgszuges des linken Donauufers die Ruinen von Falkenstein, heute ein beliebter Ausflugspunkt der Sigmaringer und der frischen Wanderer des schwäbischen Albvereins, der durch die Wälder und die Berge des Donautales in sehr verdienstlicher Weise zahlreiche Wege und Wegweiser geschaffen hat.

Die zimmerische Chronik hat vor dem hohen Alter unseres Falkenstein grosse Achtung; denn ihr zufolge steht es fest, dass Falkenstein eines der uralten Schlösser an der Tonaw (Donau) sei und schon beim Einfall der Hunnen erbaut worden. Wer aber Erbauer und Inhaber des Falkensteins und der Falkenburg darunter gewesen, das wisse Niemand mehr.

Abb. 77. Die untere Burg Falkenstein
(Falkenburg).

Im Jahre 1255 begegnen wir zuerst einem Gero von Falkenstein als Zeuge bei einer Schenkung des Grafen Friedrich von Zollern an das Kloster Salem und 1257 einem Heinrich von Valkenstein, der, aus den Namen der anderen Zeugen zu schliessen, von dieser Burg stammte. Ob er derselbe ist, der 1279 nobilis von Falkenstein genannt wird, kann leicht sein. Dass er ein Ministeriale der Grafen von Hohenberg war, wie behauptet wird, ist gar nicht erwiesen. Sechs Jahre später hören wir, dass Ritter Konrad von Falkenstein, der den wenig ritterlichen Namen Hasenbein führte, Güter an das Kloster Wald verkaufte.

Die Aigelwart von Falkenstein, welche im ersten Viertel des 14. Jahrhunderts auftraten, sind nicht den Donau-Falkensteinern zuzuweisen. Die gehören nach Falkenstein bei Schramberg.

Schon zu Anfang des 14. Jahrhunderts sind die Grafen von Lupfen Besitzer der beiden Burgen, zu denen auch der Ort oder Hof Umnaw bei Falkenstein, jetzt ganz verschwunden, gehörte. Sie übergeben

Abb. 78. Siegel des Grafen Hans von Lupfen. 1468. Umschrift: graf. hans. vo. loupfen. lant. graf. 1459.

Falkenstein den Herren von Magenbuch als Lehen. Albrecht von Magenbuch wird 1362 genötigt, die Veste Wernhern von Zimmern auf fünf Jahre in Dienst zu stellen und sich selbst mit drei Mannen, wofür er die Kost erhalten solle. Um 1390 giebt Albert von Magenbuch Falkenstein als lupfen'sches Lehen an Hans von Bubenhofen. Die Bubenhofen blieben über hundert Jahre in Besitz, und 1472 belehnt der Graf Sigmund von Lupfen den Hans von Bubenhofen mit »Valkenstein die Feste an der Thunaw, die obere Burg und das Burgstall daselbst, genannt die untere Burg, Vmnow den Hof und eine Fischenz an der Thunaw«. Hieraus geht also klar hervor, dass beide Burgen« zusammen die eine Veste Falkenstein bildeten. Der Burgstall oder die niedere Burg führte auch den besonderen Namen Falkenburg und war nichts anderes als ursprünglich die Vorburg, eine Verstärkung der Hauptburg. Sie wurde auch, wie z. B. 1367 von Anna von Falkenstein, die Frau Konrads, Vogt von Hattingen, besonders verliehen und war 1367 Lehen von den Grafen von Lupfen. Aber auch diese hatten mit den Grafen von Zimmern viele Spän, bis dann die Zimmern

Abb. 79. Siegel des Gottfried von Zimmern. 1489. Umschrift: S : gotfrid. vo. Zimmern.

Falkenstein für sich erwarben. Im Jahre 1555 wäre Falkenstein beinahe in zollerischen Besitz gekommen. Es wollte nämlich Graf Jos Niklas II. von Zollern Falkenstein kaufen, um eine Unterkunft zu haben, wenn er im hohenbergischen Forst jagte. Man kam zu dem Zwecke auf der Burg zusammen; der Handel zerschlug sich aber, weil Jos Niklas die Summe von 4000 Gulden, nur für die Burg allein, zu hoch dünkte.

Gute Dienste tat Falkenstein — wie auch Wildenstein — im schmalkaldischen Kriege 1546, indem viele weltliche und geistliche höhere Leute Kostbarkeiten dorthin flüchteten.

Dass Falkenstein im Bauernkrieg oder vom Herzog Ulrich von Württemberg zerstört worden sei, ist nicht richtig; denn die zimmerische Chronik erzählt, dass Gottfried Wernher von Zimmern Falkenstein ausgebaut habe 1525 »uf die form ungefarlich, wie es noch heutigs Tags vor augen«, und das war 1566. Man benutzte Falkenstein immer weniger, liess es mehr und mehr verfallen, und so wurde es zu der malerischen Ruine, wie sie heute der Freund vom Romantischen, zumal in so prächtiger Wald- und Gebirgsnatur gerne aufsucht. — —

Die obere und untere Burg sind beide Ruinen. Die untere Burg, auf einem steil über dem Tal stehenden Felsen gelegen, ist ein kleiner turmartiger Bau aus Buckelquadern, gegen die Bergseite durch zwei künstliche, tief eingeschnittene Felsgräben (Halsgräben), geschützt, jetzt unzugänglich. Der Eingang lag auf der Nordostseite (Bergseite) und war nur durch eine Leiter oder Fallbrücke möglich. Die äusseren Umfassungswände sind der Felsform angepasst. Felsspalten sind durch eingelegte Holzschwellen überdeckt. Die Grundform ist ein unregelmässiges Fünfeck oder Sechseck. Die Umfassungswand gegen die Bergseite ist scheinbar stärker als die übrigen; einige Fensteröffnungen sind noch sichtbar. Die Wasserversorgung dieser Vorburg ist unaufgeklärt; vielleicht war eine Zisterne im Innern vorhanden, die das Dachwasser aufgenommen hat, oder von der nahegelegenen oberen Burg, wo ein Brunnen nachgewiesen ist, mit Wasser versorgt wurde.

Etwa 20 bis 25 m höher und 100 m in nordöstlicher Richtung entfernt liegt die obere Burg (Hauptburg) auf einem etwa 6 m hohen künstlich freigestellten Felsen von länglich rechteckiger Grundform, auf der Ost-

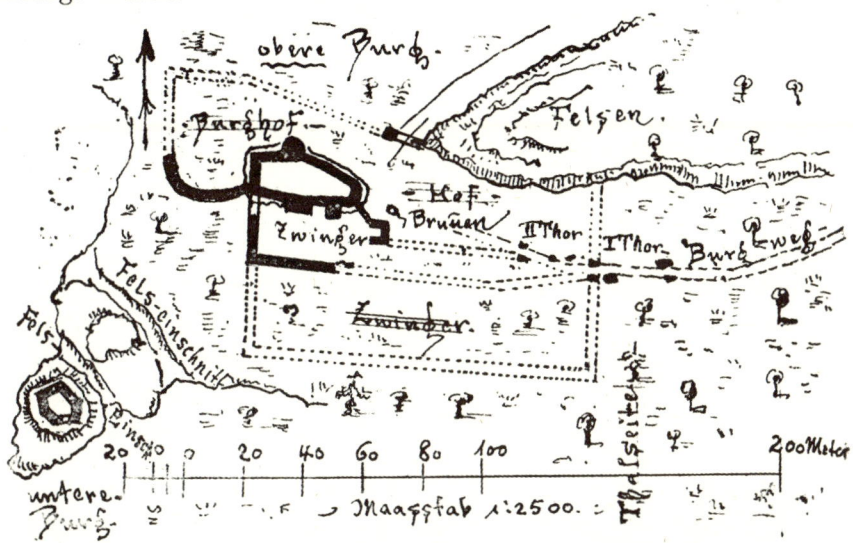

Abb. 80. Übersichtsplan der obern und untern Burg.

seite stark abgerundet. Auf der nördlichen Langseite ein etwa 6,30 m über die Umfassungsmauer vorspringender halbrunder, turmartiger Ausbau mit Schiessscharten aus starken Buckelquadern, aussen mit einfachem Sockelgesims, innen mit Mauerabsatz, im unteren Stock 1,30 m stark. Auf der südlichen Langseite gegen Osten liegt ein Turm, 5,80 m lang, 5,20 m breit, im untern Stock 1,10 m stark, vom Zwinger ab hohl aufgeführt, der vielleicht die Kapelle enthielt. Die zimmerische Chronik erzählt nämlich: »Als Herr Gottfried Wernher diesen Kauf (Schloss Falkenstein an der Tonow) gethon, hat er das Schloss Falkenstein auch anfahen zu pawen, uf die form ungefarlich, wie es noch heutigs tags vor augen, und hat das eingehagt bis uf das jhar 1525.« Weiter heisst es dort: »Wer nun die ersten erbawer und inhaber des schloss Falkenstains und des schlosses darunter, genannt die Falkenburg, so iezundt auch ain burgstall, gewesen seien, das ist user länge der zeit und das unsere vorfaren so gar ungelert und unfleissig gewesen in ain vergess komen« und später: »Aber herr Gottfridt Wernher ist nach erkauftem schloss Falkenstain vil daselbst gewesen, hat das mehrtails, wie es iezundt ist erbawen, zugericht. Es hett uf der capellen ein hochen thurn, der war so hoch, das man über alle welder und helzer bihs gar nahendt geen Mengen sehen megte. Der war oben mit holz und rigelwerk uf die alten manier weit auhsgelassen, und wie ich von den alten mehrmals gehört, so war derselbig thurn, wann ain starker Luft gieng, dermassen wacken und sich bewegen, das ain schüssel mit wasser unverschütt uf dem tisch nit bleiben megte. Denselbigen liess herr Gottfridt Wernher abbrechen von merer sicherheit wegen und sonst hin und wider im haus bawen.« Gegen Süden ist der Burganlage ein ungefähr 20 m breiter Zwinger vorgelegt, dessen Abschlussmauer auf der Südwestecke noch auf eine Höhe von etwa 3 m sichtbar ist. Die westliche Seite dieses Zwingers schloss in gleicher Flucht mit der westlichen Umfassungswand der Burganlage an diese bezw. die Felsen auf der Südwestecke an. Gegen den Burghof (östlich) sind noch Reste eines viereckigen Vorbaues erkennbar. Weiter gegen Osten zog sich der Zwinger gegen den Burgweg hin mit einer Einfahrt zwischen dem hier vermuteten inneren und äusseren Torabschluss. Weiter gegen Süden (Talseite) scheint, nach einer noch deutlich sichtbaren Steinböschung zu schliessen, ein zweiter Zwinger in einer Entfernung von etwa 35 m vom ersten und einer Länge von etwa 120 m vorgelegt gewesen zu sein, der gegen Osten an das äussere (erste) Tor anschloss. Der östliche Teil vom Burghof ist gegen Norden durch den hoch zu Tag stehenden Felsen, gegen Süden durch eine von dem obengenannten Turmrest zum inneren Tor führende Mauer begrenzt gewesen. Im westlichen Teil dieses Burghofes liegt nahe bei der Hauptburg ein schachartiges Ge-mäuer, zweifellos der ehemalige Brunnen. Der nördliche und westliche Teil des Burghofes war durch eine Ringmauer abgeschlossen; die gegen Nordosten an den zu Tag stehenden Felsen (dort vielleicht ein weiteres Tor), gegen Westen und Süden an den Hauptbau anschloss. Der südwestliche, stark abgerundete Teil dieser Ringmauer ist noch auf eine Höhe von 5 m sichtbar und hat oben eine Mauerstärke von 80 cm. Der Eingang zur Burg ist nicht mit Bestimmtheit festzustellen, dürfte aber auf der Südwestecke (an dem jetzt abgestürzten Teil) zu suchen sein. Der westliche Teil der Burganlage ist als der ältere anzusehen. Die spätere Erweiterung geschah nach Osten.

GLATT.

Burg und Pfarrdorf Glatt liegen in einem Schwarzwaldtale, das vom Glatt-bach durchströmt wird, und dem die enge einschliessenden Berge mit den dunklen Wäldern einen ernsten Charakter verleihen. Das Glattbachtal stösst nach Osten zu fast senkrecht auf das breitere und lichtere Neckartal. Glatt selbst ist nur etwa 3 Kilometer vom Neckar und dem an seinem Ufer liegenden Neckarhausen entfernt. Das Kloster Lorsch besass schon 767 hier Eigentumsrechte, und damals hiess der Ort Glade, ein Name, der aus dem keltischen clot herkommen soll, der aber auch mit glataha (= hell, glänzendes Wasser) verwandt sein kann. In der Folgezeit, wie 1246, 1275, 1299 und weiter heisst es Glatte und schleift sich dann in Glatt ab. Es hat den Anschein, als ob ehedem, in der ältesten Zeit, Ortsadel hier gewesen sei; denn 1246 wird ein Bertold de Glate genannt, doch ist über ein solches Geschlecht weiter nichts bekannt. Dagegen ist Glatt mehr als 400 Jahre in Besitz der Herren von

Neuneck, die schon 1236 auf der nach ihnen benannten Burg Neuneck, unweit Glatt, im württembergischen Oberamt Freudenstadt lebten. Ein Ulrich von Neuneck, von dem ausdrücklich gesagt wird, dass er zu Glatt gewohnt habe, baute 1293 die Kirche daselbst — 1275 nennt der liber decimationis hier eine Pfarrei, in der die Neunecker die Grablege besassen. Die letzte dieses einst blühenden Geschlechtes, das, eine Seltenheit des mittelalterlichen Adels, sich Jahrhunderte wenigstens auf dem ererbten Familiensitz Glatt — Neuneck war schon lange mit vielen anderen reichen Besitzungen veräussert — bis zum Aussterben behauptete, war Agnes Apollonia von Neuneck, die Glatt nach ihrem 1678 erfolgten Tode dem Erz- und Domstifte Trier, an welchem ihr Onkel Johann Wilhelm von Elz als Dechant sich befand, vermachte. Im Jahre 1681 verkaufte das Domstift das Erbteil Glatt an die Herren von Landsee, die es 1706 mit aller Zubehör um 55000 Gulden an das gefürstete Stift Muri in der Schweiz abtraten.

Abb. 81.   Schloss zu Glatt.

Im Jahre 1803 fiel Glatt, zu dem eine ganze Herrschaft gleichen Namens gehörte, an das fürstliche Haus Hohenzollern-Sigmaringen und bildete ein eigenes Oberamt. Nunmehr gehört Glatt zum preussischen Oberamte Haigerloch.

Das mitten im Dorfe liegende ehemalige neuneckische Schloss bildet eines der seltenen Beispiele, dass eine mittelalterliche Burg im Orte selbst und nicht auf einer Anhöhe lag; denn es ist nicht bekannt, dass es eine andere Burg zu Glatt gab, wenn auch das heute noch vorhandene Schloss nicht aus dem Mittelalter stammt. Nördlich vom Schlossgarten am linken Glattufer befand sich ausserdem ein Bau, der 1496 als Wohnsitz für ein Glied der Familie errichtet, 1762 Schafhaus wurde, nachdem Anton von Neuneck 1496 den Turm im Schlosse

Abb. 82.   Toreingang.

zu Glatt, samt seinem Teil am Graben, Vorhof und Burghof dem Hans von Neuneck verkauft hatte.

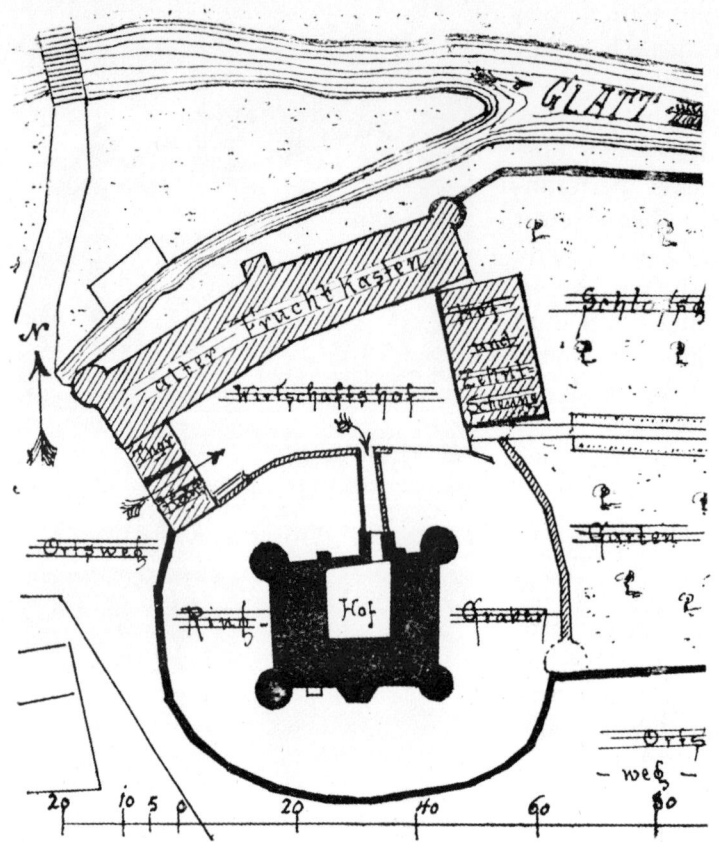

Abb. 83. Übersichtsplan des Schlosses mit Nebengebäuden.

Im Bauernkriege spielten verschiedene von Neuneck zur Unterdrückung der Bauern eine wesentliche Rolle. Am 28. April 1525 nahm der Bauernhauptmann Thomas Mayer von Vogelsberg-Lossburg, den Hans Oswald von Neuneck später nach der mörderischen Schlacht von Böblingen am 12. Mai mit Behagen im Auftrage des Bundesheeres zu Tübingen enthaupten liess, das Glatter Schloss ein. Hans von Neuneck erklärte, mit den Bauern »so er wieder darzu käm, kein Miserikordiam zu haben, sondern zu erstechen und ver-

prunnen, wem er könde ankommen«. In der Kirche zu Glatt haben sich die Neunecke durch originelle Grabsteine der Nachwelt überliefert. — —

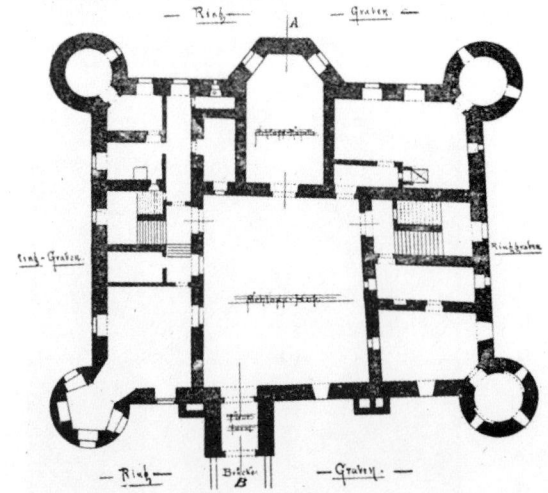

Abb. 84. Grundriss zu ebener Erde.

Das Glatter Schloss, ein gut erhaltenes Wasserschloss, ehemals auch Weiherschloss genannt, liegt nächst dem Flüsschen Glatt und hat je einen Rundturm an seinen vier Ecken. Im südlichen Flügel liegt die im halben Sechseck gegen den Ringgraben ausgebaute Schlosskapelle. Der Zugang zum Schloss befindet sich auf der Nordostseite und führt über eine steinerne Brücke durch einen Torturm zum inneren Hofe (s. Abb. 82).

Auf der Nordseite ist ein Vorhof (Wirtschaftshof) vorgelegt, der westlich vom Torhaus mit Durchfahrt, nördlich vom alten Fruchtkasten und östlich von der ehemaligen Hof- und Zehntscheuer eingeschlossen ist. Das Fruchtkastengebäude ist auf der westlichen und östlichen Ecke mit Rundtürmen verstärkt und liegt hart am Mühlkanal. Weiter östlich befindet sich der ausgedehnte Schlossgarten, dessen Umfriedigungsmauer nördlich vom östlichen Rundturm des Fruchtkastengebäudes ab der Glatt folgt und südlich an die Ringgrabenmauer anschliesst. Der Ringgraben ward vom Flüsschen Glatt mit Wasser gespeist. Über dem spitzbogigen Portal des Torturmes im Schlussstein ist das neuneckische Wappen mit der Jahreszahl 1513 angebracht. Im inneren Hof über dem

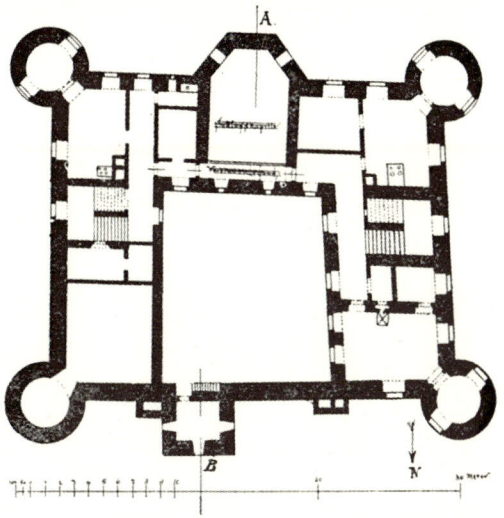

Abb. 85. Grundriss vom ersten Obergeschoss.

Portal der Schlosskapelle befindet sich eine grosse Wappentafel: die beiden grösseren Mittelwappen, Landsee und Trassberg, sind von acht kleineren Wappen umgeben, nämlich Schilling von Cannstatt, von Rollin, Kayser, Herbst von Herbstburg, von Furtenbach, Papus von Trassberg, Freiherr von Landsee und Reinhold von Babenwohl. Über dieser Wappentafel das Wappen von Muri. Über den Eingängen zu den östlichen und westlichen Flügeln

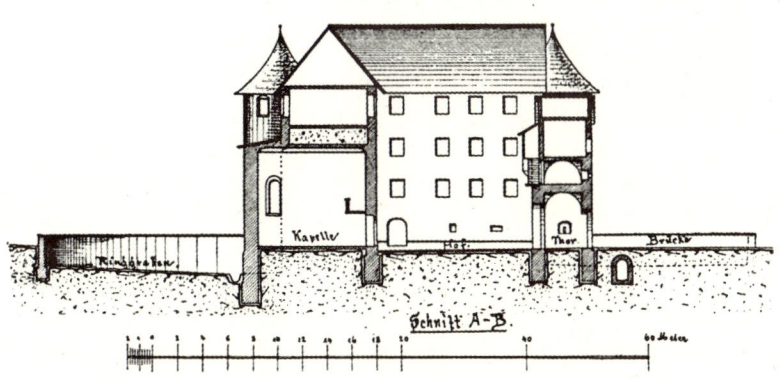

Abb. 86. Schnitt durch Schlossbau und Ringgraben.

bezw. den dortigen Treppenaufgängen sind das landseeische und trassbergische Wappen mit den Jahreszahlen 1686 angebracht. Über dem äusseren Portal des Torhauses ist das Wappen von Muri mit der Jahreszahl 1768, an dem nahegelegenen Schafhaus auch das Wappen von Muri mit der Jahreszahl 1761.

GEBROCHEN GUTTENSTEIN.

Abb. 87. Gebrochen Guttenstein.

An einem der schönsten Punkte des Donautales, etwa 7 Kilometer von Sigmaringen aufwärts, liegt das ehemalige Burgstall Guttenstein, schon lange zum Unterschied von Gutenstein zwischen Dietfurt und Falkenstein (Tiergarten) Gebrochen Guttenstein genannt. Nur noch wenige Ruinen sind vorhanden, aber die stehen so kühn, hart an den jäh abfallenden Berg gestellt, dass kaum begreiflich ist, wie hier ein Bauwerk sich erheben und einen Zugang haben konnte. Dicht bei der ehemaligen Veste öffnet sich rechts das Schmeiental. Von der Höhe des trotzig in das Donautal vorspringenden gewaltigen Felsens bietet sich ein prachtvoller Blick talauf, talabwärts auf die malerischen Berggebilde, dem hier noch breiteren Gelände mit dem glitzernden Fluss und der kecken Ruine Dietfurt. Und gerade dieser letztere Ausblick lässt den Gedanken aufsteigen, ob nicht Guttenstein, das richtiger Gutenstein geschrieben würde, eine Vorburg, ein Beobachtungswerk für die grössere Veste Dietfurt gewesen ist. Sein Name taucht zum ersten Male 1354 auf, wo es bezeichnender Weise »New Guotenstain« also Neu-Gutenstein genannt wird im Gegensatz zu dem oberhalb Dietfurt gelegenen Dorf und Burg Gutenstein, das aber viel früher, 1279, schon erwähnt ist. Es heisst 1354 und 1362 New Gutenstain ob der Tonaw, 1373 und 1377 Nidre Gutenstein (es liegt zwar höher als Gutenstein aber flussunterhalb); 1410 Undergutenstain und 1469 wieder Nydergutenstain. In dem genannten Jahre 1354 besass es Burkhard von Reischach, den wir ja auch in Besitz von Dietfurt sahen, und zwar als lehenbare Veste des Herzogs Albert zu Österreich. Acht Jahre später gehört es Konrad und Ruf von Magenbuch, wahrscheinlich als Pfand von den Reischach. Herzog Rudolf giebt ihnen einen Revers über die Pfandschaft und nennt »Nuwen Guotenstein« Burg. Und schon elf Jahre nachher 1373 sind die Reischach wieder in Besitz; denn Burkhard von Reischach zu Nidren Guotenstain stellt den Grafen Eberhard von Württemberg, wegen der Stösse, die er mit diesem gehabt, seine Veste als offenes Haus gegen Jedermann dar, nur nicht gegen das Haus Österreich, von dem er sie zu Lehen habe. 1377 versetzt Herzog Leopold die Veste Nidergutenstain an Ulrich von Stüben, und 1410 erlaubt Herzog Friedrich dem Stephan von Gundelfingen das Pfand von den Pfandinhabern Hans von Stüben einzulösen, was dann auch zwei Tage später geschieht. Als die Gebrüder von Gundelfingen 1469 ihr väterliches Erbe teilten, fiel Nyder-Guttenstain als österreichisches Lehen an Jörg von Gundelfingen. Von da ab behielt Guttenstein bis in die Neuzeit hinauf den Namen das Gundelfinger Gut, auch dann noch, als es im 16. Jahrhundert durch Heirat in Besitz des Reichserbtruchsessen von Waldburg zu Scheer übergegangen war, woher der Wald auf der Höhe von Gebrochen Guttenstein heute noch der Scheerer Hau heisst. Im Jahre 1546 lieh es Wilhelm von Waldburg dem Sigmaringer Bürger Holdenriedt und nennt es Burgstall. Dann vertauschen 1659 die Grafen Karl und Otto von Waldburg das Gundelfinger Gut nebst »Prochen Guettenstein« gegen den Faulbronner Wald mit dem Kloster Laiz. Nachdem aber das »freiadelige Gut Brochengutenstein« Streitigkeiten halber wieder an die Grafen von Waldburg-Scheer gefallen war, tauschte es der Fürst von Hohenzollern-Sigmaringen 1783 endgültig ein, und es blieb von da an in Besitz des fürstlichen Hauses. — —

Abb. 88. Siegel des Erhart von Gundelfingen 1485. Umschrift: erhart. vo. gvndelfinge. fri.

Der kleine, turmartige Bau von unregelmässiger viereckiger oder fünfeckiger Grundform ist jetzt Ruine und unzugänglich. Gegen die Nordseite (Bergseite) mit schmaler Stirnfläche nimmt der Bau nur einen Teil der an sich kleinen Felsspitze ein. Der Aufbau zeigt schön und regelmässig gefügtes Mauerwerk aus Buckelquadern und ist noch in einer Höhe von 6—7 m erhalten. Der Eingang lag auf der Ostseite bezw. Südseite. Auf der Ostseite sind noch die Balkenlöcher sichtbar für die Plattform, die nur mittelst Leiter erstiegen werden konnte. Die Eingangspforte selbst lag wohl auf der Südseite versteckt zwischen Felsen und südlicher Aussenwand. Auf der Nordostecke ist ein schmaler Fensterschlitz sichtbar; ausserdem zeigt sich nach Osten ein kleines Fenster, dessen Sturz ausgebrochen ist. Die westliche Umfassungswand ist ganz abgestürzt. Der Fels darunter ist tief ausgehöhlt und durch eine Vormauerung geschützt. Auf der Innenseite der östlichen Aussenwand sind die Balkenlöcher der Gebälklagen noch sichtbar. Der Bau war von sehr kleinem Umfang und nicht über zwei Stockwerke hoch.

DIE HAINBURG.

Geht man von Grosselfingen in westlicher Richtung Owingen zu, diesem uralten Pfarrdorfe mit der ältesten, romanischen Kirche, die wir in Hohenzollern besitzen, so erblicken wir nach einer Wanderung von etwa 2½ Kilometer in eigentümlich abgeschiedener Lage auf einem Bergvorsprunge über dem Eyach-

tale die immer noch ansehnlichen Ruinen der ehemaligen Hainburg, im Volksmund irrtümlicher Weise Homburg genannt. Die Hainburg gab einer kleinen
Herrschaft, die aber als solche keine Rolle spielte, den Namen. Über Ursprung
des Namens, wie über Entstehung der Burg liegt Dunkel. Was den Namen an-
betrifft, so ist die älteste Bezeichnung stets Hainburg, woneben später auch noch
Haimburg, Heimburg und das moderne Homburg vorkommen. Zum ersten
Male taucht der Name der Burg und sie selbst 1344 auf und zwar als Heim,
als Wohnsitz des Grafen Friedrich von Zollern, seit 1328 Viztum zu Augsburg,
1339 Administrator auf Zollern. Von ihm wird 1344 gesagt: »der alt, des Hainburg ist«. Es scheint, dass sich der Viztum, der aber nicht Priester war, wiewohl 1313 schon Kirchherr zu Pfullingen genannt, sich hier einen behaglichen
Wohnsitz baute, wie etwa 150 Jahre später ein anderer Zoller, Friedrich, Bischof
zu Augsburg, das Schlösschen zu Burladingen errichtete. Gleich diesem wird
auch die Hainburg hauptsächlich ein Absteigequartier für die Jagd gewesen sein,
der damals auch die adeligen geistlichen Herren in ausgedehntem Masse oblagen.

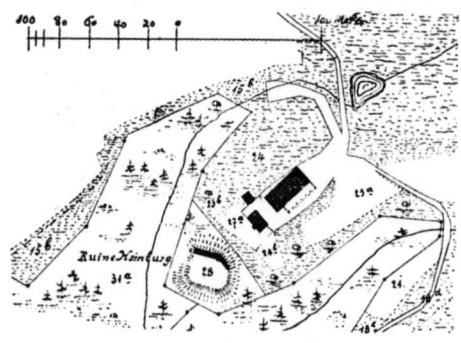

Abb. 89. Übersichtsplan.

Als sich 1362 die Zollern-Grafen in das
Erbteil des Viztum teilten, heisst es
wiederum: des Grafen Friedrich von
Zolr von Hainburg. Bei dieser Teilung
erhielt Friedrich der Schwarzgraf »Hainburg die burg« (mit Grosselfingen, Owingen
und Stetten bei Haigerloch). Daher kommt
es, dass seine Witwe Adelheit von Hohenberg 1379 in Besitz von Hainburg der
»vesti« ist. Dass Hainburg vorher hohenbergisches Lehen gewesen sein soll, ist
daher nicht erklärlich, erklärlich wohl
aber, dass es nunmehr hohenbergisches Lehen wurde. Und so heisst es in
einer Handschrift (vom Ende des 14. Jahrhunderts) Aufzeichnung hohenbergischer
Lehen: Hainburg, die die Zolre inne hant, ist von mir Lehen. Zu Anfang des
16. Jahrhunderts gelangten die von Bubenhofen, die auch in dem benachbarten
Grosselfingen ansässig waren, in Besitz der Burg, verkauften sie aber 1522 an
Hans von Weitingen. Damals wurde das Schloss noch bewohnt und es besass
sogar eine Kapelle; denn 1523 bewilligt Hugo I. von Hohenlandenberg, Bischof
zu Konstanz, dass in dem Schlosse zu Hainburg Messe gelesen werde. Im
Jahre 1534 verkauft Hans von Weitingen das Schloss Hainburg an Fritz Jakob
von Anweil, der es aber 1539 wieder an den Grafen Jos Niklas zu Hohenzollern abgiebt. Die Burg bleibt nun im Besitz der Hohenzollern, wird aber
wenig mehr genannt. Nur 1589 kommt nochmal ein zollerischer Burgvogt auf
Hainburg vor. — —

Von dem ziemlich ebenen Hinterland führte der Zugang über einen tief
eingeschnittenen Felsgraben mittelst Brücke zum Burgtor auf der Nordseite.
Das Tor hatte eine Weite von 2,60 m. Am rechten Pfeiler ist die Öffnung zum
Einstossen des Verschlussriegels deutlich sichtbar. Die Ringmauer, 3 m stark,
aus schön gefügten Bossenquadern, umfasst einen unregelmässigen viereckigen
Hof von 18—19 m Seitenlänge, und steht auf der Nordseite noch etwa 12 m

hoch. Auf der Südseite sind noch einige Reste derselben erhalten. Die übrigen Teile der Ringmauer fehlen. Die Wohnräume lagen auf der Südseite an die Ringmauer angelehnt und liessen auf der Nordseite einen kleinen Hof frei. Dort nächst dem Burgtor ist eine schachtartige Vertiefung, die dem ehemaligen Brunnen angehörte. Gegen Süden und Südosten etwas tiefer als die Burg am Steilabfall sind noch Mauerkörper sichtbar, die einst zur Verstärkung der Hauptburg und zum Abschluss des Ringgrabens dienten. Jetzt ist der Bergvorsprung wie die Umgebung der Burg bewaldet. In nächster Nähe der Ruine liegt ein fürstlicher Pachthof der sog. »untere Homburgerhof«.

HETTINGEN.

Was wir bei Besprechung der anderen Burgen des Laucherttales hinsichtlich der Gegend, in denen sie liegen, gesagt haben, gilt in gleicher Weise für Hettingen. (s. Veringen). Auch hier befinden wir uns auf uraltem Kulturboden. Es ist fast selbstverständlich, dass bei Hettingen eine ganz bedeutende vor- und frühgeschichtliche Ansiedlung bestanden haben muss, da es zwischen Gammertingen und Veringen liegt, deren Namen in

Abb. 90. Schloss Hettingen.

der Litteratur über jene Perioden einen hervorragenden Klang haben, zumal nach dem kunstgeschichtlich und kulturgeschichtlich wertvollen Helmfund aus dem 6. Jahrhundert n. Chr., der im Winter 1903 zu Gammertingen gemacht wurde. Es ist kaum zu zweifeln nach den Funden, die man schon bei Hettingen zu verzeichnen hat und angesichts des grossartigen vorgeschichtlichen Friedhofes auf der Höhe des Bruckberges, dass auch hier noch wichtige Entdeckungen zu Tage treten werden.

Wie bei Veringen und Gammertingen so haben wir auch bei Hettingen eine frühschwäbische Ansiedlung vor uns. Darauf führt uns neben anderem sein Name hin. Um 1096 und 1208 wird es Hatingen, 1217 Hetingin, 1240

Hettingen, 1254 Haetingin, 1262 und 1272 Haetingen, 1288, 1289 Hetingen und Hatingin, 1300 Hattingen, 1307 Haetingen und Hättingen, 1508 Hettingen geschrieben. In dem Worte liegt der Personenname Hatto = Heddo = Krieger zu Grunde.

Hettingen gehörte zum Burichinga-Gau, der später in die Grafschaft Gammertingen überging (vergleiche Veringen). Von 1267 an sehen wir Hettingen im Besitz der Grafen von Veringen. Bei dem raschen Verfall dieses einst so mächtigen Geschlechtes blieb auch Hettingen nicht in deren Besitz. Mehrfach nennen sich Mitglieder der Veringer auch Grafen von Hettingen. Übrigens begegnen wir schon 1096 einem Grafen Adalbert von Hettingen, der den alten Grafen von Gammertingen angehört haben wird. Zur Zeit der Veringer muss es auch Ortsadel gehabt haben; denn 1240 finden wir einen Rudolf, miles von Hettingen, 1272 einen Hilteboldus von Hettingen und einen Friedrich, der miles et nobilis genannt wird, als Zeugen.

Schon 1311 waren die Grafen von Veringen genötigt, einen Teil ihrer Grafschaft an Reichenau zu verpfänden, um es als Mannlehen zurückzuerhalten. Im Jahre 1374 besitzen die von Rechberg die Pfandschaft über Hettingen von den Grafen von Veringen, um sie 1447 an Württemberg abzutreten. Aber schon 1468 verkaufen diese Hettingen an die Herren von Bubenhofen. Als

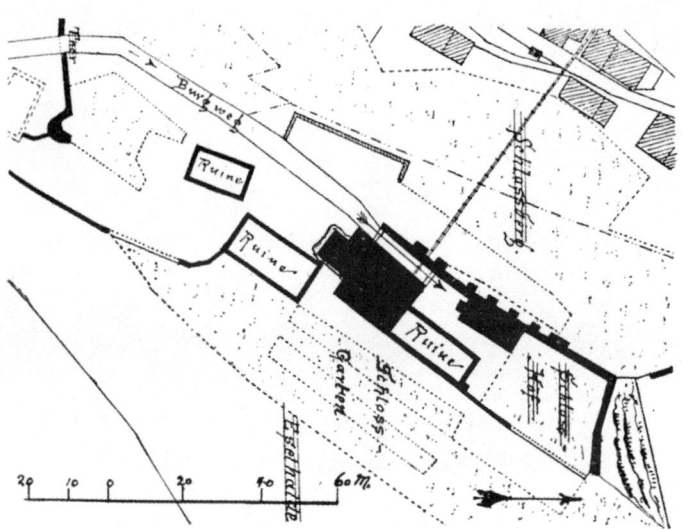

Hans Kaspar von Bubenhofen 1508 Gammertingen, das immer noch reichenauer Lehen war, frei machte, setzte er dafür Hettingen in Pfand. Fünfzehn Jahre später verkauften die von Bubenhofen Hettingen an die Herren von Speth, ein schwäbisches Rittergeschlecht, das sich im Laufe der Zeit bald Spät, bald Spätt und Spett schrieb. Die Speth waren nun im Besitz der gesamten Herrschaft Gammer-

Abb. 91. Übersichtsplan.

tingen. Herzog Ulrich von Württemberg rächte den Verrat seines Vasallen Dietrich von Speth, indem er ihm 1534 die ganze Herrschaft abnahm und die Burg Hettingen zerstörte. Erst nach dem Tode Ulrichs kamen die Besitzungen wieder an die Söhne Dietrichs, deren Nachkommen bis 1827 Herren zu Hettingen (und Gammertingen etc.) blieben, um es in dem genannten Jahre an das fürstliche Haus Hohenzollern käuflich abzutreten. Die Souveränität gehörte Hohenzollern-Sigmaringen schon seit 1806 zu. Nun ist Hettingen ein Bestandteil des preussischen Oberamtes Gammertingen.

Wenn auch die Grafen von Veringen recht schlechte Haushalter waren, so muss man doch sagen, dass sie für die kirchlichen Verhältnisse zu Hettingen viel taten. Die heute noch bestehende spätgotische Kirche ist zwar nach ihrer Zeit entstanden; zu dem Gotteshause jedoch, das zu ihrer Zeit vorhanden war, hielten sie nahe Beziehungen. Sie machten viele Stiftungen in das Stift, wie die St. Martinskirche genannt wird. Auch gründeten sie in der Pfarrkirche, die schon vor 1240 bestand, wo ein Hartmannus als Pfarrer genannt wird, ein Erbbegräbnis; mehrere schöne Grabsteine der Veringer sind noch erhalten.

Von der Burg zu Hettingen hören wir zuerst 1267, wo sie castrum genannt wird, um dann in der Folgezeit merkwürdig wenig mehr aufzutreten. Das heutige Schloss ist Eigentum des hohenzollerischen Fürstenhauses. — —

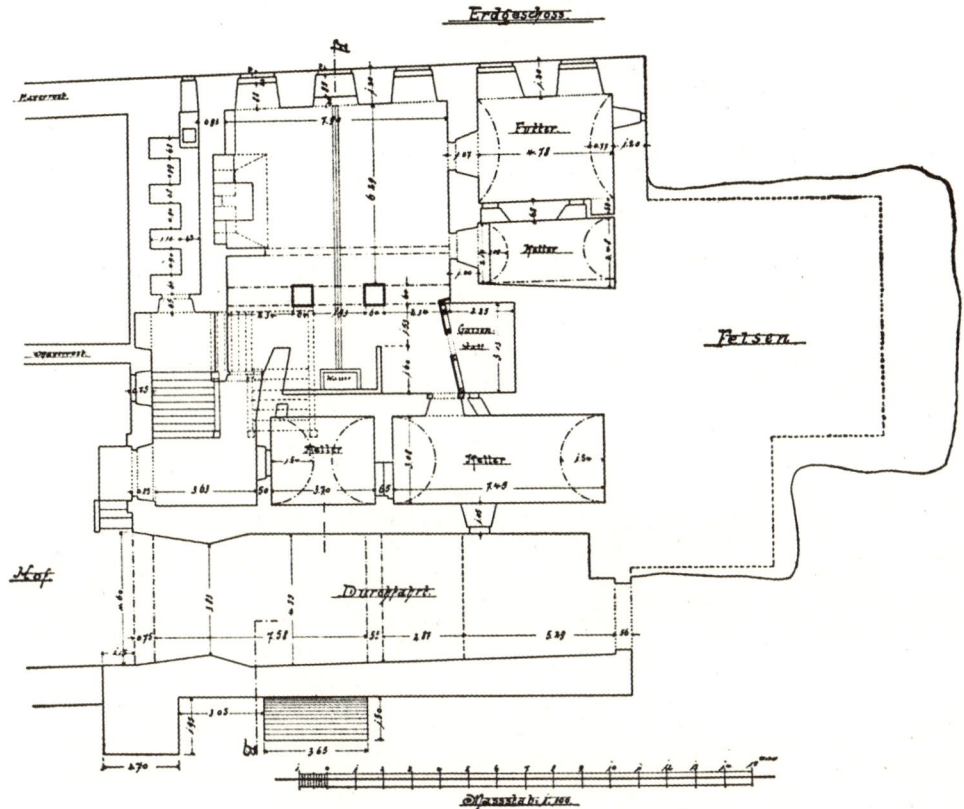

Abb. 92. Grundriss vom Erdgeschoss.

Das Schloss liegt malerisch über dem Städtchen auf einem lang gestreckten Bergrücken. Der alte Burgweg führt von Süden her zum äusseren Tor in der Ringmauer. Der früheren eigentlichen Burganlage war gegen Süden ein Vorhof (Wirtschaftshof) vorgelegt. Dieser Vorhof war durch eine starke Mauer abgeschlossen. Auf der Südostecke sind noch Reste eines Rundturmes ersichtlich. Auf der Ost- und Westseite ist die Mauer abgetragen. Innerhalb des Vorhofes liegen noch Reste zweier Gebäude. Der noch erhaltene Schlossbau stammt im wesentlichen aus dem 18. Jahrhundert, er enthält Teile einer früheren mittelalterlichen Anlage; so an der Südseite einen auf Felsen gestellten turmartigen Vorbau. Die Schlossdurchfahrt führt zum höher gelegenen inneren

Hof, der gegen Norden durch eine auf Felsen ruhende Mantelmauer, gegen Osten und Westen (Berghang) durch hohe Stützmauern abgeschlossen ist. Von der nordwestlichen und südwestlichen Ecke der ganzen etwa 170 m langen Burganlage führten Flügelmauern zu den ehemaligen Toren am nördlichen und südlichen Ende des Städtchens hinab, die einst bis zum Ufer der Lauchert fortgesetzt waren. Im inneren Hof liegt gegen Westen der sog. Haberkasten, darunter ein gewölbter Keller; gegen Osten die Ruinen eines abgebrannten Schlossteils.

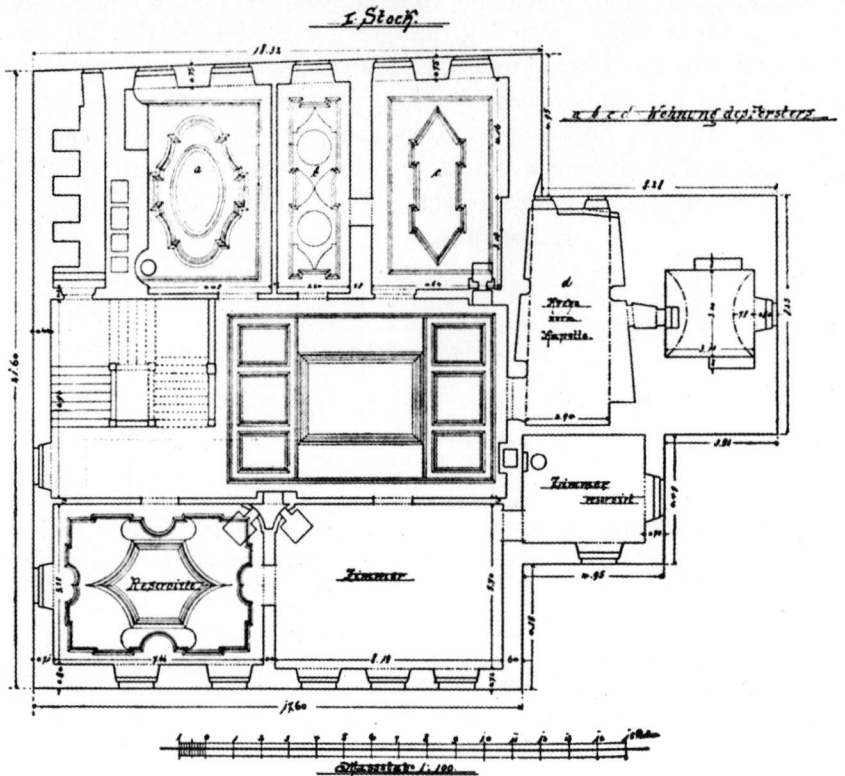

Abb. 93.   Grundriss vom ersten Stock (erstes Obergeschoss).

Dieser Schlossflügel hatte im obersten Stockwerk einen etwa 21,5 m langen, 8 m breiten Saal mit zusammen 13 Fenstern an beiden Langseiten. Der Saal stand mit dem Hauptbau mittelst eines Ganges und der Haupttreppe in Verbindung.

Der Hauptbau mit grossem Walmdach enthält unten die geräumige Schlossküche mit Nebenräumen. Die dreiarmige Schlosstreppe hat auf den Untersichten bildnerischen Schmuck in Stuck; auf den Treppenpfosten stehen geschnitzte Figuren als Leuchterhalter. Die Decken der Schlossräume zeigen noch reiche Stuckverzierungen, teilweise bemalt, jetzt vielfach beschädigt. Auch die Fussböden waren reich in farbigen Hölzern gemustert, wovon noch wenige Reste vorhanden sind. Im ersten Obergeschoss vor dem turmartigen Bau lag die kleine Schlosskapelle mit dem Chörchen gegen Osten.

HOHENFELS.

Es ist auffallend, dass in jenem Teile von Hohenzollern, der zu der Grafschaft Sigmaringen gehörte und an Fruchtbarkeit kaum einem anderen Gebiete Hohenzollerns nachsteht, weit weniger Burgen bestanden, als in dem nicht so wohnlichen Laucherttale an den Abhängen der rauhen Alb oder in dem wilden Donautale mit seinen zerrissenen Felswänden.

Abb. 94. Schloss Hohenfels. Ansicht von Süden.

Reichere Jagdgründe und ergiebige Fischwasser mögen wohl hierbei mitgesprochen haben. In landschaftlicher Beziehung kann seiner ausserordentlich malerischen Lage wegen Hohenfels mit der grössten Mehrzahl der hohenzollerischen Burgen in Schwaben den Wettbewerb aufnehmen. Von welcher Seite wir uns auch Hohenfels, das 32 Kilometer südlich von Sigmaringen liegt und schon Ausblicke auf den Bodensee gewährt, nähern, immer ruft sein Bild, das es dem Wanderer bietet, laute, freudige Überraschung hervor. Rings von prächtig bewaldeten Anhöhen umgeben, die aber den Burgberg selbst so frei lassen, dass fruchtbare Felder und sehr zahlreiche Obstbäume, die in ihrer Grösse schon an die des Bodensees erinnern, sich um ihn ausbreiten können, bildet Hohenfels in seiner traulichen Waldeinsamkeit ein liebliches Idyll. Man begreift es, dass die Burg ein liebgewordener Sitz der Deutsch-Ordens-Herren war, wenn auch erst in späterer Zeit. Vorher war Hohenfels Wohnort eines angesehenen Ministerialengeschlechtes, dessen Wiege auf Alt-Hohenfels stand, einer Burg, deren Trümmer heute noch oberhalb Sipplingen am Bodensee zu suchen sind. Die Herren von Hohenfels werden schon 1191 erwähnt, und höchst wahrscheinlich ist der damals genannte Burkhard von Hohenfels der bekannte Minnesänger. Im 13. Jahrhundert teilte sich die Familie in zwei Linien; die jüngere baute sich auf unserem Hohenfels eine Burg, die 1295 zum ersten Male als Neu-Hohenfels, als novum castrum Hohenvelz urkundlich vorkommt, während die Stammburg »daz alt Hohenfels« genannt wird. In der ersten Hälfte des 15. Jahrhunderts starben die Hohenfelser aus, und nun kommen die Herren von Jungingen in Besitz der Burg. Wolfgang von Jungingen verkaufte aber schon 1473 Hohenfels um 4000 Gulden an Hugo von Landenberg, dessen Sohn Beringer es 1479 an das reiche Spital zu Überlingen um 3100 Gulden abtrat. Vom Spital erwarb der Deutsch-Ordens-Ritter-Komtur Wolfgang von Klingenberg die ganze Herrschaft und Burg Hohenfels um den Preis von 12000 Gulden. So wurde Hohenfels neben Achberg eine Kommende des deutschen Ritterordens unter der Landkommenturei Altshausen, Balley Elsass und Burgund. In Folge der Rheinbundakte wurde Hohenfels (und Achberg) säkularisiert und dem Hause Hohenzollern-Sigmaringen zugewiesen. Der Fürst von Hohenzollern ist auch heute noch Eigentümer von Hohenfels. — —

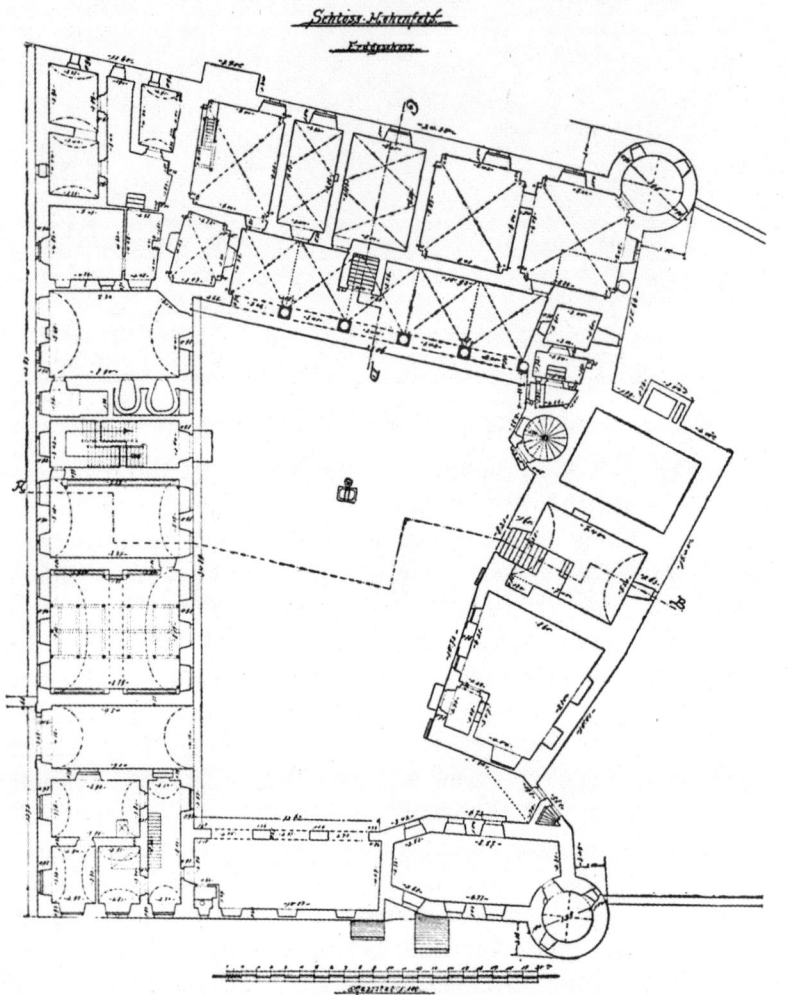

Abb. 95. Grundriss vom Erdgeschoss.

Die ausgedehnten Schlossbauten liegen auf einem nach Osten, Süden und Westen steil abfallenden Berghang und schliessen einen geräumigen Hof ein. Die Einfahrt zum Schlosshof liegt auf der Nordseite. Der Flügelbau auf der Südwestseite sowie der nach Westen vorspringende Rundturm bei der Schlosskapelle sind Überreste der mittelalterlichen Anlage. Der Rundturm hat gekuppelte gotische Fenster.

Die Schlosskapelle im 18. Jahrhundert umgebaut, zeigt noch das spätgotische Portal mit sich durchschneidendem, profiliertem Stabwerk. Die Fenster sind beim Umbau verändert worden. Die Kapelle war wohl ursprünglich gewölbt, mit Strebepfeilern nach aussen. Die Fenstermasswerke fehlen. An dem vermauerten Fenster hinter dem Altar ist die Spitzbogenform aussen noch erkennbar. Unter der Kapelle ist ein von aussen zugänglicher gewölbter Raum mit zwei schmalen Fensterschlitzen. Der südwestliche Flügelbau ist dreistockig, mit hohen Treppengiebeln, und wurde im Jahre 1553 umgebaut (s. Wappentafel am südöstlichen Giebel). Er hat auf der Hofseite einen vorspringenden

Treppenturm mit steinerner Wendeltreppe. Später im 18. Jahrhundert wurde dieser Flügel einem nochmaligen inneren Umbau unterworfen, worauf die Stuckdecken und Kachelöfen hinweisen. Die beiden Turmspitzen zieren Wetterfahnen mit dem Deutschordenskreuz. Von diesem Flügel führt ein Verbindungsgang zur Empore der Schlosskapelle (Chorabschluss im halben Sechseck). Die Decke ist flach mit Engelsköpfen geschmückt. Hinter dem Altar ein Stuckvorhang von Engelskindern gehalten. Über dem Portal aussen ein gevierteter Wappenschild des Komturs von Königseck, 1 und 3 Komturkreuz, schwarz in weiss, 2 und 4 Rauten, rot in Gold, darunter die Jahreszahl 1761. Im Rundturm (Glockenturm) eine Glocke mit Wappen, und der Inschrift: Kaspar Bobleter derzeit Obervogt Salem 1788. Der östliche Flügel hat unten eine Bogenhalle auf starken Säulen und enthält die Schlossküche. Auf der südlichen Ecke liegt ein Rundturm. Am südlichen Treppengiebel in der Giebelspitze ist ein halbkreisförmiges Feld. Darin die Jahreszahl 1564 oder 1584 (verwittert und nicht mehr

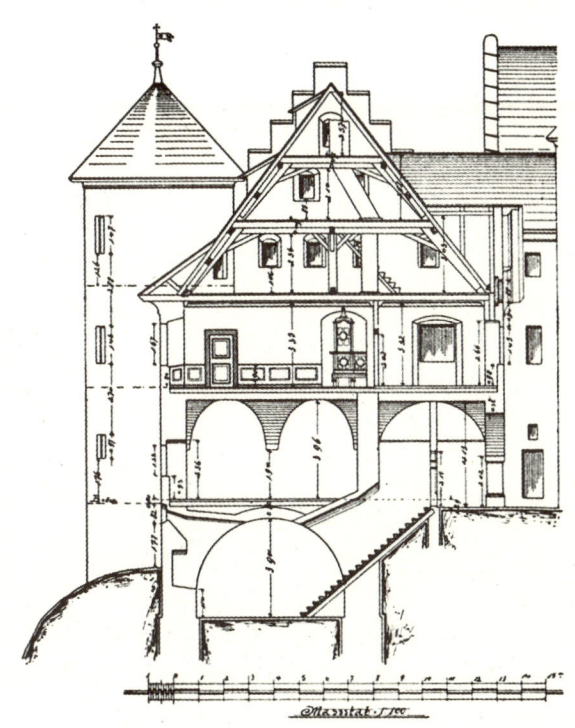

Abb. 96. Schnitt.

deutlich erkennbar). An diesem Flügel befindet sich gegen die Hofseite ein grosses Giebelfeld mit dem Deutschordenswappen, von Wappentieren gehalten und von Kriegstrophäen umgeben. Auf der nordwestlichen Ecke des Hofes bei der Einfahrt liegt das Torhaus. Der nördliche Flügel ist ohne architektonisches Interesse. Das Einfahrtstor, im Halbkreis geschlossen, zeigt flache Bossensteine. Vor dem nördlichen und südlichen Flügel liegen zwingerartige Vorhöfe, teils durch hohe, teils durch Brüstungsmauern abgeschlossen. Im südlichen Vorhof ist eine Ausgangspforte nach der Ostseite. Am Fusse des Berghangs liegt die sogenannte Neumühle, an dieser ist eine Wappentafel: ein gevierteter Wappenschild mit Helmzieren, 1 und 4 Kreuz des deutschen Ritterordens, 2 und 3 Familienwappen des Freiherrn von Baden; darunter die Inschrift: Franz Benedict von Baden Rom. Kay. May. Rath Land Comentur Der Balley Ellsass und Burgund Comenthur zu Altshausen Herr zu Achberg. T. O. R. 1695. Nahe beim Schloss an dem Schafstall des fürstlichen Pachthofes, ehemals Zehntscheuer, ist eine Wappentafel mit dem gevierteten Wappen-Schild des F. B. von Baden mit abgekürzter Inschrift wie oben und der Jahreszahl MDCC (1700).

HÖLSTEIN bei Stetten.

Abb. 97. Ruine Hölstein.

Die Burg Hölstein ist eine der in Hohenzollern nur wenig vorkommenden Edelsitze, welche einen anderen Namen führen, als der bei ihnen liegende Ort. Das Pfarrdorf Stetten nennt sich zur Unterscheidung von vielen Ortschaften gleichen Namens Stetten unter Hölstein. Noch 1402 befand sich Kastenvogtei, Kirchensatz und Widdum zu Stetten in Besitz der Herren von Melchingen.

Der Name der Burg und ihrer Besitzer bietet sowohl seiner Schreibweise als auch seiner Ableitung nach einige Schwierigkeit. Sehen wir von den durchaus unrichtigen Bezeichnungen Hohlstein, Höllstein und auch Hellenstein oder Helenstein ab — letzteres ist der Name eines sehr alten freiherrlichen Geschlechtes, das aber mit unserem Hölstein nichts zu tun hat —, so bleiben noch Hölstein und Hölnstein. Heute ist die Schreibweise Hölstein die gebräuchliche, die urkundlich richtige ist aber Hölnstein, wie sich die Glieder der Familie im Mittelalter bis zum Aussterben schrieben. Auf die Ableitung des Namens wird diese zweifache Schreibart kaum Einfluss haben. Man hat bei Hölstein an höl = häl = steil gedacht, also steiler Fels. Nachdem ich aber erfahren, dass man die bei der Burg gelegene interessante Höhle Muoteshöhle heisse und die Höhe in der Nähe Muoteshöhe, also die Bezeichnung für Wuotan, Wodan, liegt es nahe, an höl = heilig zu denken, mithin eine heilige Höhe, vielleicht auch die Höhe, der Berg, den das wilde Heer streift, benutzt, das ja durch diese Gegend toste.

Die Herren von Hölnstein oder Hölstein, wie wir den Namen weiter führen wollen, zählen zum ältesten Adel Hohenzollerns. Schon im 11. Jahrhundert gab es adelige Dienstleute dieses Namens, die zu den alten Grafen von Achalm gehörten. Eine Guta von Hölnstein, Frau des Ogger von Hölnstein, sowie ihr Sohn Adalbert, miles des Grafen Luithold von Achalm, traten als Nonne beziehungsweise Mönch in Zwiefalten um 1098 ein. Hiermit scheint dieses Geschlecht erloschen zu sein.

Die ersten Hölnstein treten dann wieder mit Bertold 1274 und 1280 auf. Einer dessen Söhne, Anselm, schlug, älter geworden, das Gewissen. Er machte um 1304 zahlreiche fromme Stiftungen, um seiner und seiner Vorderen und »aller derer, die er geschädigt,« Seelenheiles willen. Jene Zeit war eben nur zu geneigt, Gewalttaten zu begehen.

Im Jahre 1388 verkaufte Ursula, die Witwe Anselm II. von Hölnstein, die Kurt von Magenbuch wieder geheiratet hatte, ihren Teil an der Burg, in die sich, wiewohl sie nicht gross war, doch mehrere Besitzer zu gleicher Zeit teilten. Ebenso verkauft Klaus Ungelter seinen Teil 1401 wieder an Heinrich von Killer, genannt Affenschmalz. Nach 1388 sassen auf Hölstein Klaus Ungelter von Reutlingen, der Käufer von Ursula, Swenegger von Lichtenstein, ein Verwandter der Hölstein, dem die Reutlinger 1388 seine Burg Lichtenstein bei Honau zerstört hatten, und Herren von Hölstein, denen somit nur ein Drittel ihrer Stammburg zustand. Die von Hölnstein starben als Edelleute mit Jakob von Hölnstein aus. Er war so verarmt, dass sein Sohn Jakob bei seiner Mündigkeit eine Bettstatt und 100 Gulden als einziges Erbteil erhielt. Er wurde Handwerker und verscholl. Bei den überaus verworrenen Besitzverhältnissen fast der meisten Burgen und Besitzungen jener Zeit, wechseln auch die Lehn- und Dienstverhältnisse der Adeligen. So sind die von Hölnstein ursprünglich zollerisch, dann hohenbergisch, dann teilweise württembergisch, dann wieder zollerisch; denn 1412 belehnt Graf Friedrich von Zollern Hans Schweler von Lichtenstein (Honau) mit dem Teile der Burg, den Schwenger selig von Lichtenstein besessen; und 1474 kauft Graf Jos Niklas von Zollern »Hölnstein, daz sloss und Stetten daz Dorf« und zwar von Burkhard von Sachsenheim. Auffallender Weise führt der fleissige Oswald Gabelkover (1539—1616) in seinem Verzeichnis der Burgen, Schlösser und Burgställe auch unser »Höllstain, ain alt herrlich Burgstal« noch als württembergisch an. Es war das aber nicht der ganze Ort Stetten; denn in dessen Besitz teilte sich Zollern mit Werdenberg beziehungsweise dessen Erben Fürstenberg. Im Jahre 1583 trat Fürstenberg alle Rechte, hauptsächlich die hohe und niedere Gerichtsbarkeit an Hohenzollern ab, wofür dieses von seinen Ansprüchen über Ringingen zurücktrat. Von wo an die Burg unbewohnt und zu zerfallen begann, ist nicht bekannt, im 16. Jahrhundert war sie schon unbewohnt. — —

Etwa 100 m über der Talsohle, östlich vom Pfarrort Stetten, auf dem höhlenreichen Felsmassiv eines Bergrückens sehen wir die malerische Ruine, jetzt mit Wald bedeckt. Der Eingang liegt auf der flach verlaufenden südlichen Geländeseite und führt über einen etwa 15 m breiten, ehemals 4 m tiefen Torgraben zum äusseren Tor in der Ringmauer. Die Ringmauer ist auf der Südseite etwa 35 m lang, 1,15 m stark und steht noch 5—6 m hoch. Das

Tor ist aussen halbkreisförmig, innen mit geradem Sturzbalken überdeckt, 3,1 m breit und bis zum Sturz 3 m hoch. Im Sturzbalken sind die Löcher für die Torangeln sichtbar. Über dem Tor lag, nach den Balkenlöchern zu schliessen,

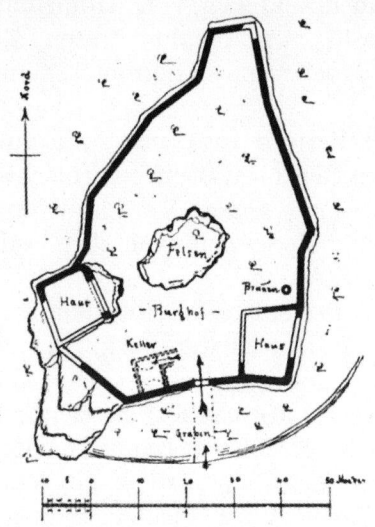

ein hölzerner Vorbau, vielleicht ein Wehrgang, der sich wohl auf der ganzen Ringmauer und dem noch sichtbaren Mauerabsatz an der Innenseite derselben fortsetzte. Rechts vom Toreingang in der Südostecke lag ein 15 m langes, 12 m breites Gebäude, dessen Süd- und Ostseite die Ringmauer bildete. Der südliche Giebel steht noch zum Teil aufrecht. Links vom Toreingang liegt ein kleiner gewölbter Kellerbau, 6,3 m lang, 4,8 m breit, mit Zugang von der Ostseite. Der Keller ist teilweise verschüttet, das Gewölbe noch gut erhalten. Weiter gegen Nordwesten auf erhöhtem Unterbau (Felsen) befindet sich das Wohnhaus, 13 m lang und breit; gegen Norden steht die Umfassungswand noch 7 bis 8 m

Abb. 98. Grundplan der Ruine Hölstein. hoch, sie ist 1,2 m stark und zeigt verschieden grosse Fenster und Schlitze, die nach innen mit Holzdielen abgedeckt sind. Die übrigen Umfassungswände sind abgebrochen. Der Eingang lag auf der Ostseite; diese Aussenwand ist stärker (1,8 m) als die übrigen. Die Umfassungswände sind aus kleinen, unregelmässigen Bruchsteinen hergestellt. Die nordöstlichen und nordwestlichen Ecken sind stark abgerundet. Der ausgedehnte Burgring ist gegen Norden weit vorgeschoben. Er hat eine grösste Länge von 60 m und eine Breite von 46 m. Die Ringmauer ist ringsum noch sichtbar. Etwa in der Mitte der Burganlage befindet sich ein freistehender Felskopf, der vielleicht einst einen Turm trug. Von hier aus geniesst man einen umfassenden Ausblick auch in weitere Ferne. An der östlichen Ringmauer ist ein schachtartiges Gemäuer von etwa 1 m Durchmesser. zweifellos der einstige Brunnen; jetzt noch ein Wasserloch.

HORNSTEIN und BITTELSCHIESS.

Wer hielte sich wohl längere Zeit in Sigmaringen auf und besuchte nicht das Bittelschiesser Tälchen, dieses Kleinod landschaftlicher, still behaglicher Schönheit, wo die Natur so viele Mittel zur Hülfe nimmt, um auf kleinem Erdenfleckchen ein Meisterwerk landschaftlichen und malerischen Reizes zu bilden! Auf nicht hohem, aber anmutig im Grün halb versteckt liegenden Felsen erhebt sich der Turm der ehemaligen Feste Bittelschiess. Eine mächtige Höhle nimmt einen grossen Teil des Felsens ein und wölbt sich wie eine Kuppel zur Höhe hinan, von wo das Tageslicht anheimelnd hereinlugt. Durch das schmale Tal fliesst still und gleichsam gedankenschwer die Lauchert, tiefdunkel, fast schwarz, so dicht hängen Felsen und Bäume sich über sie hin, als wollten sie alle, eitel wie Narziss, ihr eigenes Bildnis beschauen. Aber nur wenige Schritte weiter, und die Wasser stürzen sich weiss-schäumend und brausend einen Abhang hinunter und führen dabei so lautes Zwie-gespräch, dass die Menschen schwei-gen. Und blicken wir unterhalb des Wasserfalles links hinüber, dann fesselt uns ein neues Bild: Drüben von hohem Bergrücken, hart an den Rand des Felsens gedrängt, schauen die Ruinen der Burg Hornstein zu Tal. Ihre Ge-schichte, sowie die des Burgstalles Bittelschiess läuft vielfach neben

Abb. 99.   Ruine Hornstein.

einander her, und da sie örtlich so nahe zusammen liegen, wollen wir sie hier zugleich behandeln.

Der erste Hornstein, der mit seinem vollen Namen genannt wird, ist Ritter Heinrich von Hornstein 1257. Wiewohl wir um dieselbe Zeit noch nichts von der Burg selbst hören, ist es doch zweifellos, dass diese vor der Mitte des 13. Jahrhunderts gebaut wurde. Da wo von ihr die Rede ist, 1363, bestand sie aus drei Teilen: Einem obern und untern Hause und dem Turm. Jeder dieser drei Teile war von einer von hornsteinischen Familie bewohnt. Auf dem obern Hause sass ein Kunz von Hornstein, auf dem untern ebenfalls ein Kunz von Hornstein (Vetter) und auf dem Turm der den Hornstein durch Heirat verwandte Swigger von Wildnau. Um 1390 sehen wir die Burg (nebst Bittel-schiess) in den Händen eines Hornstein, Benz von Hornstein, der sie mit fünf Söhnen bewohnte, die sich dann aber schon ein Jahr später in Hornstein und Bittelschiess teilten.

Im Jahre 1420 spielt Hornstein vorübergehend eine Rolle in dem leidigen Zwist der beiden Brüder von Zollern, dem Grafen Friedrich von Zollern, dem Öttinger, und dem Grafen Eitel Friedrich I. Letzterer war um diese Zeit von Friedrich aus der Burg Zollern und der Stadt Hechingen verdrängt worden und hielt sich bei Wilhelm von Hornstein auf. Am 22. Juni 1420 erliess er von hier aus ein Schreiben an den Öttinger mit der Aufforderung, ihre Streitsache vor dem königlichen Hofgerichte zu Rottweil zur Entscheidung zu bringen. Falls er hierauf eingehe, soll er ihm dies wissen lassen vierzehn Tage vorher »zu der Linde gen Hornstein«. Diese Aufforderung blieb ohne Antwort.

Von Hornstein werden zu Anfang des 15. Jahrhunderts zwei Teile genannt: Das grosse Haus und der Turm. Benz von Hornstein verkaufte 1427 das grosse Haus um 600 Gulden an Heinrich von Reischach als freies Eigentum, dessen Sohn Konrad um 1459 auch den Turm erwarb, um dann acht Jahre später ganz Hornstein an Graf Ulrich von Württemberg als Lehen aufzutragen, das er aber als württembergisches Lehen wieder zurückerhielt. Im Jahre 1501 ver-kaufte Wilhelm von Reischach Hornstein an seinen Schwager Hieronymus von Croaria, der es als Lehen von Württemberg trug. Mehrfach wechselten in dieser Zeit Haus und Turm ihren Karakter als Lehen und Allod. Wilhelm von Reischach, einer der tollsten und rauflustigsten Edelleute seiner Zeit, von dem die zimmerische Chronik manches Stücklein zu erzählen weiss, kaufte 1510 Hornstein von seinem Schwager zurück und verkaufte es um 4266 Gulden an den kaiserlichen Sekretär Johann Rennen, und zwar das grosse Haus als würt-tembergisches Lehen und den Turm als Allod. Dann aber fiel 1512 Hornstein an die ehemaligen Besitzer zurück, indem es am 28. April Bronn von Hornstein, genannt Hertenstein, um 4400 Gulden erwarb. Der Name Hertenstein hängt mit dem von Hornstein aufs engste zusammen. Oberhalb Sigmaringen, hart an der Lauchert, lag die Burg Hertenstein. Heute noch heisst der Felsen das alte Schloss, wiewohl die Burg vollständig verschwunden ist, Eine Linie der Horn-steiner sass auf Hertenstein. Die Hornsteiner Hornstein sind längst ausgestorben. Die heute noch lebenden verschiedenen Linien von Hornstein führen ihren Stammbaum auf diese Hertensteiner Hornstein und zwar auf Brun und Jörg zurück. Erst Ausgang des 16. Jahrhunderts legten die Vorfahren der heutigen Hornstein ihren Namen Hertenstein ab. Nun blieb die Burg gerade 275 Jahre wieder in hornsteinischem Besitz, bis sie 1787 von dem Fürsten Anton Aloys von Hohenzollern-Sigmaringen erworben wurde. Es lässt sich denken, dass es den von Hornstein kein angenehmes Gefühl war, als die Burg ihrer Väter 1818 zu einem Zucht- und Strafarbeitshaus gemacht wurde. Nachdem dieses 1869 wieder aufgehoben worden, erwarben es die von Hornstein zurück, be-hielten es mehrere Jahre und verkauften es dann auf teilweisen Abbruch an die Gemeinde Hornstein, der die Ruine nunmehr gehört.

Die ehemalige Veste, später Burgstall Bittelschiess, 600 m von Hornstein entfernt, leitet ihren Namen von einem Vornamen Putilo ab. Schiess bedeutet soviel wie Winkel, Ecke, auch Giebel. Das passte nun ganz besonders gut für unser Bittelschiess an der Lauchert. Etwas später als Hornstein wird Bittelschiess 1265 zuerst genannt und zwar als Burgstall in Besitz eines Albert von Bittelschiess, apud Bveningen, bei Bingen. Dass aber die Veste nicht so klein war, als sie heute auf den ersten Blick scheint, beweist die räumliche Ausdehnung der Mauern. Die obern Gelasse boten sicher prächtige Ausschau nach Bingen, in das Oberschwäbische hinein und nach Westen zur Sigmarsburg. Im Jahre 1313 besitzen es die Herren von Hornstein und zwar als habsburger Lehen.

Die Hornstein auf Bittelschiess bildeten in der Folgezeit eine besondere Linie, von denen eine Adelheid Abtissin zu Heiligkreuztal (1373—1399) war. Aus dem Jahre 1416 erfahren wir, dass in der Veste mehrere Gebäude bestanden. Die Bittelschiesser Hornstein hatten das Recht, dem Hirten zu Bingen den Stab zu leihen, ein schlichtes Recht, das aber, wie manches Recht jener Tage, einen patriarchalischen Charakter besass. Der neu gewählte Gemeindehirt zu Bingen musste zunächst nach Bittelschiess wandern, um dort sich den Stab zu erbitten. Traf er den Herrn nicht an, so schlug er dreimal mit seinem Stock an

Abb. 100. Turm der Ruine Bittelschiess.

den Felsen. Traf er dann den Herrn anderswo, so durfte er ihn um den Stab bitten. Er erhielt einen Laib Brot und hatte die Verpflichtung, das Bittelschiesser Vieh zu hüten, wenn dieses Bingen zu getrieben wurde. Als dann einmal ein neu gewählter Hirt »aus Stolz« den Stab von Ulrich von Hornstein 1450 nicht erbitten wollte, schlug ihm dieser mit dem Stab zwei Finger entzwei. Er war (1466) der letzte Hornstein, der sich nach Bittelschiess nannte. In dem Kriege

1479 zwischen Erzherzog Sigmund von Österreich und Graf Eberhard von Württemberg zerstörte der damals auf Hornstein sitzende Konrad von Reischach die nachbarliche Veste. Am 26. Juli 1490 verkaufte Bernhard von Hornstein, dem Bittelschiess entleidet war, die Veste, die aber in Trümmern lag und nicht wieder aufgebaut wurde, mit den zugehörigen Besitzungen an Graf Andreas von Sonnenberg, denselben, der kurze Zeit nachher von Graf Felix von Werdenberg erschlagen wurde. Im Jahre 1512 kam dann Bittelschiess auch wieder an die von Hornstein und teilte mit der Burg Hornstein deren spätere Schicksale. Als es in hohenzollerischen Besitz überging, war von der Veste fast noch weniger vorhanden als jetzt; denn der Wert des »zerfallenen Mauerstock« wird 1792 gleich Null geschätzt. Der malerisch gelegene Turm wurde, nachdem er zum Teil abgetragen worden, ausgebessert, mit einem Dache versehen und in dem Raume eine kleine Kapelle eingerichtet, die an gewissen Tagen von Betern gerne besucht wird.

Erwähnen wollen wir, der Vollständigkeit halber, dass beim Dorfe Bittelschiess, oberhalb Krauchenwies, einstmals auch ein Geschlecht jenes Namens ansässig war. Wenn dasselbe hier eine Burg hatte, so kann die auf dem sogenannten Burstl (vielleicht Burgstall) rechts von der Strasse Krauchenwies—Klosterwald, der am Kehlbach liegenden Mühle gegenüber, gelegen haben. Erdbefestigungen (Ringgraben) sind noch vorhanden. — —

Der älteste Teil der Burg Hornstein ist am weitesten gegen Süden vorgeschoben, teilweise hart auf der Felswand errichtet. Auf der südlichsten Ecke ausgebaut liegt die Schlosskapelle mit Resten spätgotischer Fenster. Den Abschluss der ältesten Burganlage gegen Nordosten bildet die jetzt noch grössten Teils vorhandene 2,30 m starke Mantelmauer aus grossen Buckelquadern an beiden Stirnseiten. Die Mauer hat eine Gesamtlänge von 18,50 m bei einer Höhe von 7—8 m. Etwa in der Mitte derselben, an der jetzigen Durchbruchstelle, wird der Burgeingang zu suchen sein. Am linken Pfeiler ist noch ein Stück eines eingemauerten wagerechten Ankerbalkens sichtbar. Diese Burganlage wurde durch das ganze Mittelalter benutzt

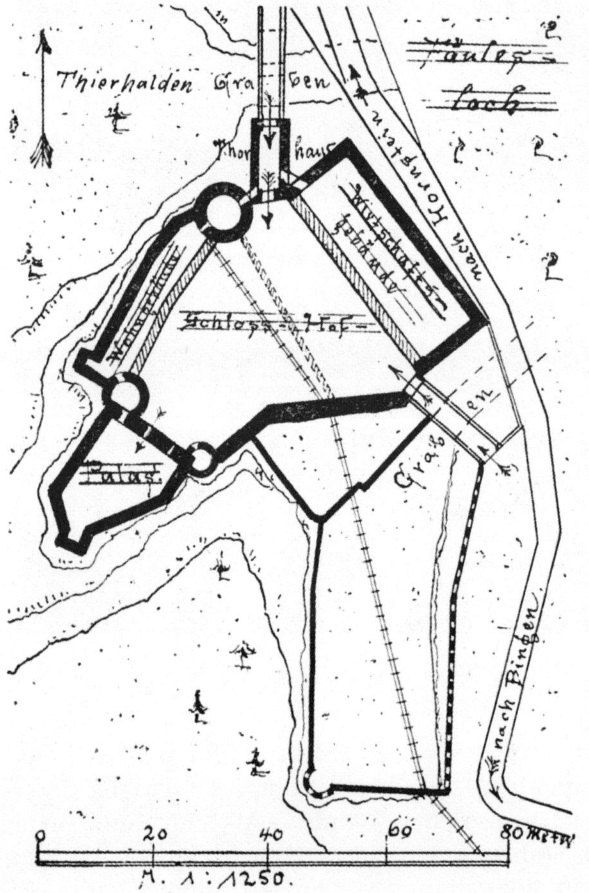

Abb. 101. Grundplan der Ruine Hornstein.

und von den obengenannten verschiedenen Familien bewohnt; die sich in das »obere«, »untere« Haus und den Turm teilten. Der mittelalterliche Turm wird innerhalb des alten, jetzt ganz verschütteten Burgraumes zu suchen sein. Wenn zu Anfang des 15. Jahrhunderts zwei Teile genannt wurden: das grosse Haus und der Turm; so kann das untere und obere Haus (zwei Stockwerke) zusammengezogen worden sein.

In den folgenden Jahrhunderten von 1512 ab hat die Burg in dem Besitz der Hornstein mehrfache Erweiterungen erfahren, die sich in nördlicher Rich-

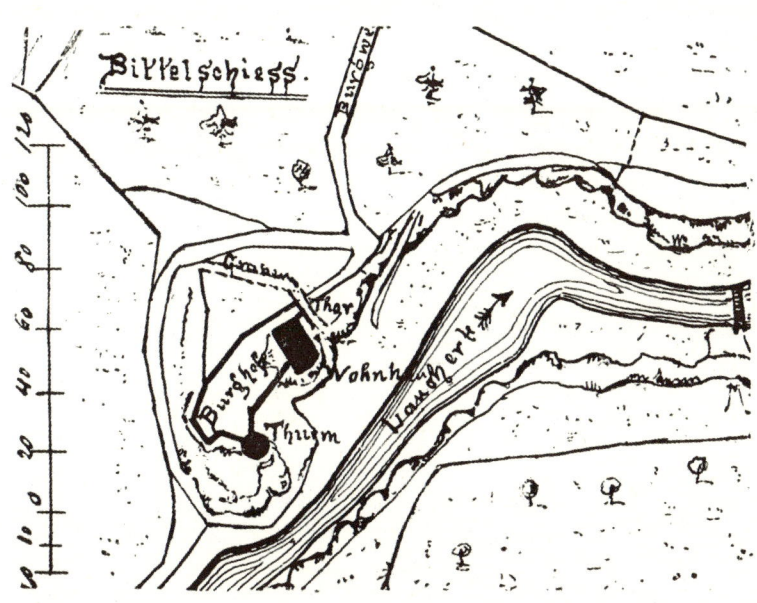

Abb. 102. Grundplan der Ruine Bittelschiess.

tung erstrecken mussten. An die obengenannte Mantelmauer, an deren südöstlichen bezw. nordwestlichen Ecke wurden 2 Rundtürme aufgeführt, der östliche als Erweiterungsbau für die oberen Räume, der westliche als gemeinsamer Treppenturm für den alten Bau und einen nördlich anstossenden schmalen Flügelbau von 27 m Länge und 9 m Breite, letzterer schloss den geräumigen Vorhof gegen Nordwesten ab. Nördlich schliesst sich ein starker Rundturm, jetzt Kapelle; weiter das Torhaus unten mit Durchfahrt, oben mit Wachraum an. Südlich begrenzt den Burghof eine etwa 6 m hohe Ringmauer. Nordöstlich lag mit Anschluss an das Torhaus ein grosses 40 m langes und 16 m breites Wirtschaftsgebäude (Stallungen), dessen östliche äussere Langseite und beide Giebelseiten noch aufrecht stehen. Auf der südöstlichen Ecke des Hofraumes befindet sich ein zweites Tor. Der Burghof war einst durch eine von Nord nach Süd führende Mauer geteilt. Die Tore führten zunächst in den äusseren Hof. Der innere vor dem Hauptbau gelegene Hof war vom äusseren Hof aus zugänglich. Vor beiden Toren waren Gräben angeordnet, welche quer vom westlichen zum östlichen Hang liefen. Über die Gräben führen steinerne jetzt zugeschüttete Bogenbrücken. Vor der südlichen Ringmauer liegt ein mit Stützmauern eingefasstes Burggärtchen Weiter südlich ist ein Zwinger vorgelegt. der mit Brüstungsmauern und Zinnenkranz abgeschlossen ist. Auf der südwestlichen Ecke sind Reste eines Rundturmes. An der Ostseite dieses Zwingers zieht der alte Burgweg vorbei.

Etwa 100 m vor der Burganlage Bittelschiess am Rand des jetzigen Waldes sind Spuren eines Mauerabschlusses mit Tor und vortretendem Turm gegen das flache Vorland erkennbar. Steintrümmer und Mörtelreste lassen hierauf schliessen. Der Burgweg führt südlich über die jetzt bewaldete Fläche über einen Torgraben (Felsgraben) zum Tor. Innerhalb des Tores, gleich linker Hand auf dem höheren Felsen stand das Wohnhaus, ein kleines Gebäude von etwa 16,5 m Länge und 10,5 m Breite mit der Schmalseite gegen die Lauchert gerichtet. Der Eingang lag auf der Nordseite. Der Burghof war von einer Ringmauer eingefasst, deren Spuren auf der Süd-, West- und Nordseite noch erkennbar sind. Die Ringmauer sass auf der äusseren Felskante und folgte dem Zug des Felsens. Der Burghof war etwa 18 m lang und 9 m breit. Die südlichste Spitze der ganzen Anlage bildet ein Rundturm, der das romantische Lauchertal überschaut.

JUNGNAU und SCHILTAU
mit Isikofen, Hertenstein, Apfelstetten und Jungingen.

Abb. 103. Burgruine Jungnau.

Es ist bemerkenswert, dass sich in den hohenzollerischen Flusstälern viele Adelige, freie Dynasten und Ministerialen ihre Burgen bauten. Für das Laucherttal mag mitbestimmend gewirkt haben, dass die Burgbewohner an einer uralten Kulturstrasse lagen, die den Verkehr erleichterte. Dazu kamen der fischreiche Fluss und die Wälder mit zahlreichem Wild. In kurzer Aufeinanderfolge lagen hier eine Reihe von Burgen: Bittelschiess, Hertenstein, Isikofen, Schiltau, Jungnau und Apfelstetten. Alle diese Burgen lagen aber in der Nähe des Flusses, während auf den Höhen, die sich dem Laucherttal entlang ziehen, keine Burgen zu finden sind, wiewohl dort stattliche Pfarrdörfer liegen.

Eine sonderliche Eigentümlichkeit bieten die beiden Burgen Schiltau und Jungnau; denn sie standen in ein und demselben Orte, und zwar so nahe beieinander, dass sich die Insassen freundnachbarlich, aber auch derbfeindlich, wie das vielfach nach dem klassischen Beispiel schimpfender homerischer Helden auch bei uns Deutschen der Fall war, mit einander unterhalten konnten. Man war vielfach der Ansicht, Schiltau habe aufgehört zu bestehen, als Jungnau, die Burg von den Herren von Jungingen erbaut wurde. Das ist unrichtig. Es haben beide Burgen noch eine zeitlang beide nebeneinander bestanden, doch ging Schiltau viel früher ab.

Schon im Jahre 1200 wird Schiltau genannt. Es besassen es die Edlen von Schiltowe, (1253 Konrad de Schiltowe) die zum Dienstadel der Grafen von Veringen gehörten. Im Jahre 1316 verkaufte Berhtold der Schiltower seine Burg mit den dazu gehörigen Besitzungen an Ritter Burkhard von Jungingen, der nun eine zweite Burg nebenan erbaute, die er nach seinem Namen Jungenowe nannte. Beide Burgen bestanden aber noch längere Zeit, wiewohl höchst wahrscheinlich die neuen Besitzer manches Steinmaterial vom Schiltau herüber nahmen zum Bau der neuen Burg; denn während das ältere Schiltau keinen Turm besitzt, steht in Jungnau noch der Bergfried, der sicher einst in Schiltau sich erhob. Im Jahre 1367 heisst es von jeder Burg: die Burg mit dem Vorhof. Schiltau

Abb. 104. Siegel des Berthold von Schiltau. Umschrift: S. BERHTODI. D.' SHILTOW.

wird 1423 zum ersten Male Burgstall genannt, um 1444 giebt man ihm aber nochmals den Namen Veste und mit dieser Zeit verschwindet es als Burgsitz aus der Geschichte.

Die Erklärung seines Namens bietet keine Schwierigkeit, zumal es stets gleich geschrieben wird: Schiltowe, Schiltaw, Schiltau. Nur einmal, 1423, heisst es Schilto.

Die Burg Jungnau, welche unmittelbar nach Erwerbung von Schiltau aufgebaut, auch dem Ort den Namen gab, wird 1333 zuerst genannt. Aber schon 1367 verkauften die von Jungingen Jungnau und Schiltau an die von Reischach. Mehr als ein Grund spricht dafür, dass der Ort Jungnau damals erst entstand; denn in den Urkunden jener Zeiten ist nie vom Orte die Rede, wenn auch von der Mühle. Im Laufe der Jahre bauten sich immer mehr Leute an, sodass, als 1418 die Grafen Werdenberg Jungnau von den Reischach erwarben, es schon hiess »Jungnau die Vestin und das Städtlin«, eine Bezeichnung, die aber stark übertrieben ist. Damals behielt Ruff von Reischach Schiltau für sich, das aber dann auch in Besitz der Werdenberg überging. Als im Jahre 1468 eine Anzahl Grafen und Freiherrn ein Bündnis schlossen zur Aufrechterhaltung des

1367.

Abb. 105. Siegel des Wolfgang von Jungingen. Umschrift: S.' WOLFGAGI. D. JUNGIGE. MILITI.

Friedens, und ein jeder mit seiner Burg und befesigtem Ort eintritt, da führt Eberhart Graf zu Werdenberg seine Stadt Trochtelfingen und sein Schloss Jungnow an. Damals war es mithin noch wehrfest. Von Schiltau ist keine Rede. Die Burg diente einem Zweige der Werdenberger als Sitz. Hans von

Werdenberg wohnte mit seiner Frau, einer Freiin von Gundelfingen hier und starb 1522, worauf man ihn zu Trochtelfingen beisetzte. Nach dem Aussterben der Werdenberger, 1534 fiel Jungnau, das einer Anzahl von Ortschaften den Namen Herrschaft Jungnau gab, an Fürstenberg und es wurde Sitz eines Obervogteiamtes. Im Jahre 1806 kam die Herrschaft Jungnau unter fürstlich hohenzollerische Souveränität und 1840 wurde das Obervogteiamt aufgelöst. Heute gehört Jungnau zum preussischen Oberamt Sigmaringen. — —

Die beiden Burgreste liegen mitten im jetzigen Pfarrort auf dem rechten Ufer der Lauchert. Von der älteren Burg Schiltau, zunächst der Staatsstrasse Sigmaringen—Gammertingen, sind noch Reste der Ringmauer vorhanden. Die Burg lag auf einem 12 m frei aus dem Tal aufsteigenden Felsen; der sich gegen Nordwesten abflachte. Die Ringmauer folgte dem Zug des Felsens und war 1,2 m stark. Gegen Nordwesten steht die Ringmauer noch 5—6 m hoch. Der von der Ringmauer eingeschlossene Burghof war ursprünglich etwa 30 m lang, 17 m breit und ist jetzt durch später eingebaute Gebäude verengt. Das Wohnhaus lag auf dem südlichsten höchsten Teil des Felsens, dem sogen. Scheibenfelsen gegenüber. Unter dem Wohnhaus lag ein jetzt verschütteter Keller. Die Einfahrt in den Burghof geschah wie heute noch von Süden her. Der rechte Torpfeiler an der Hausecke ist noch erkennbar. Die südliche, massive, 1,2 m starke Giebelseite des hier stehenden Gebäudes ist noch ein Teil der Ringmauer, der linke Torpfeiler fehlt, auch ist die ehemals anschliessende Ringmauer auf der Südwestecke abgebrochen.

1384.

Abb. 106. Allianzsiegel der Agnes von Gundelfingen, geb. Gräfin von Zollern.

Vom ehemaligen Burgweg führt ein Ortsweg zu den starken Quellen an der Südspitze des Felsens. Dieser Weg heisst heute noch »Schiltach« und bezeichnet die Lage der Burg am Wasser. Im Falle der Gefahr war es möglich, den Burgfelsen mit Hülfe eines Seitenarmes der Lauchert, der jetzt noch den südwestlichen Teil des Ortes umfliesst, mit Wasser zu umgeben. Nördlich der Burganlage, unmittelbar vor dem flach auslaufenden Felsen liegt ein quadratisches turmartiges Gebäude von 7,5 m Seitenlänge, dessen steinerner Unterbau Buckelquader zeigt (vielleicht der Rest eines ehemaligen Turmes).

Von der ehemaligen Burg Jungnau, die etwa 100 m nördlich von Schiltau nächst der Lauchert lag, ragt heute noch der mächtige Bergfried trotzig über dem Pfarrort empor.

Der Haupteingang befindet sich auf der Südwestseite unter dem Schutze des Bergfrieds, der sich auf einem Felsunterbau erhebt. Links vom Toreingang innerhalb des Burghofes liegt

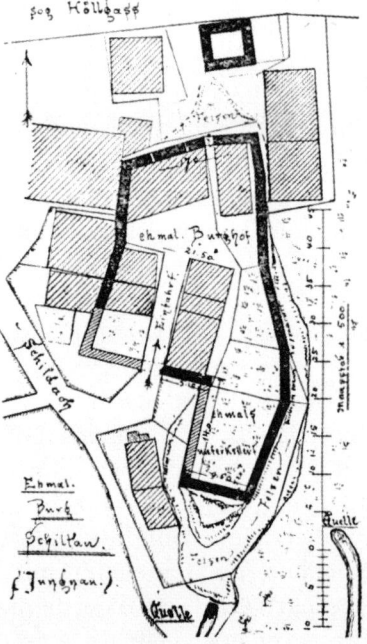

Abb. 107. Übersichtsplan von Schiltau.

die Kirche, ein späterer Bau aus dem 18. Jahrhundert. Gegen Nordosten lag der sog. Kasten, jetzt zum Pfarrhaus umgebaut, an dessen Unterbau Buckelquader, auch kleine Fensterschlitze erkennbar sind. Auf der Nordseite, der Mühle zu, ist noch ein zweites Tor zu suchen, das vielleicht durch einen Rundturm geschützt war. Die dort vorhandene stark abgerundete Ecke lässt dies vermuten. Der Bergfried von 8,4 m Länge und 8,6 m Breite, im oberen Teil etwas schwächer, mit abgetrepptem Sockel, steht als Rumpf noch etwa 18 m hoch Er ist aus stark vortretenden Bossenquadern mit Randschlag aufgeführt. Die alte Eingangspforte auf der Nordseite ist gut erhalten und liegt etwa 12 m über dem jetzigen Hof. (Der Hof soll beim Umbau des Schlosses zum Schul- und Rathaus tiefer gelegt worden sein.) Die Eingangspforte zeigt nach aussen Spitzbogen, in der Mauerstärke ist sie eben mit oben bogenförmigen Quadern abgedeckt. Die Verschlussvorrichtung ist noch sichtbar. Die Mauerstärke beträgt im Eingangsstockwerk 3,5 bezw. 3,8 m, die Lichtweite 2,4 auf 2,78 m. Gegen Süden ist ein Fensterlicht mit tiefen Abschrägungen, innen bogenförmig, aussen gerade abgedeckt; gegen Osten und Westen sind kleine Mauernischen,

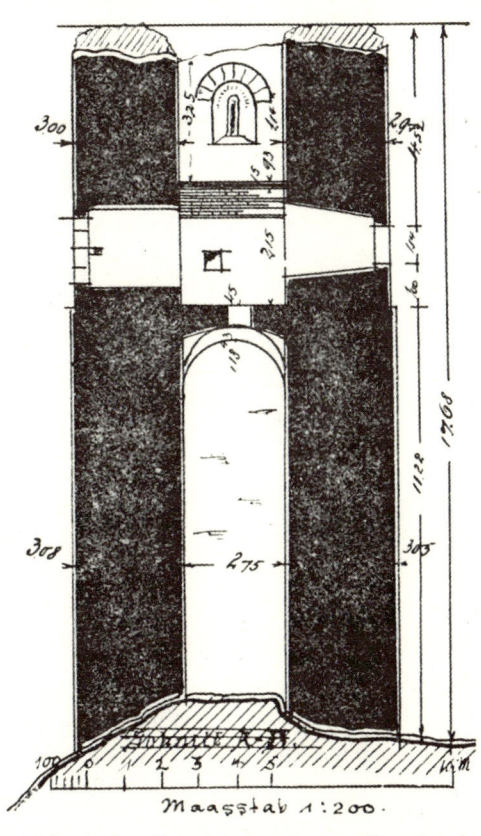

Abb. 108. Schnitt durch den Bergfried von Jungnau

gegen Westen zwei übereinander. Unter dem Eingangsstockwerk befindet sich das Burgverliess; ursprünglich fensterlos. Die jetzigen Durchbrüche gegen Norden und Westen stammen aus späterer Zeit. Das Burgverliess ist 2,75 m im Licht weit; oben mit einem Kreuzgewölbe ohne Rippen abgedekt. In der Gewölbemitte befindet sich eine viereckige mit Quadern eingefasste Öffnung (Angstloch.) Burgverliess und Eingangsstockwerk zeigen innen schön gefügtes Quadermauerwerk. Das über dem Eingangsstockwerk liegende, zur Hälfte eingestürzte Backsteintonnengewölbe ist später eingesetzt worden. Auf der Ostseite dieses Stockwerks befindet sich oben eine weitere Fensteröffnung aus schön bearbeiteten Bogensteinen, mit innerem Backsteinbogen, wohl gleichzeitig mit dem

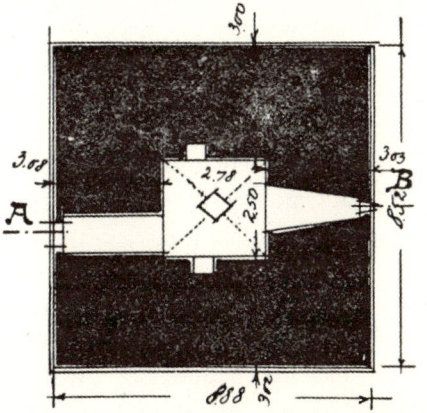

Abb. 109. Grundriss des Bergfrieds von Jungnau.

Einsetzen des Backsteingewölbes, zugemauert. Diese Öffnung bildete einst den Aufgang zur Plattform mittelst einer teilweise in der Mauer liegenden Treppe. (s. Dietfurt). Der obere Abschluss des Eingangsstockwerks fehlt, es lässt sich auch nicht mehr feststellen, ob dieser mittelst eines Gewölbes oder einer Balkenlage hergestellt war. Auf der jetzigen Mauerkrone sind noch Reste von Holzschwellen sichtbar, die das im Jahr 1842 abgebrochene hölzerne Stockwerk getragen haben. Das Schloss stand in der nordöstlichen Ecke des Burghofes, es ist vollständig umgebaut und dient jetzt als Schul- und Rathaus, Bis 1806 war das Schloss Sitz des Obervogteiamts, und stand mit dem Bergfried durch die obengenannte, jetzt vermauerte Türöffnung auf der Nordseite unter der alten Eingangspforte in Verbindung. — —

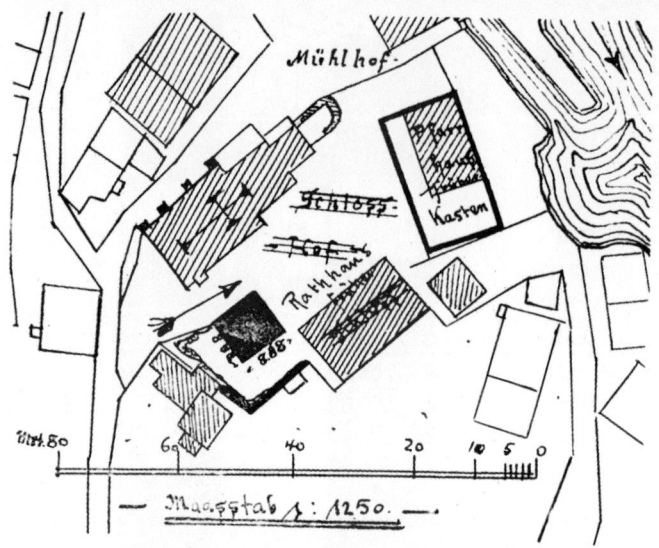

Abb. 10   Übersichtsplan von Jungnau.

Bei Jungnau sind noch die schon genannten ehemaligen Burgen zu erwähnen. Zunächst:

ISIKOFEN. Diese Burg (unrichtig Einzigkofen, Einzighofen genannt) lag etwa 2 Klm. unterhalb von Jungnau auf dem linken Ufer.

Bevor die Burg stand, befand sich hier eine kleine Niederlassung, die, sehr alt, schon unter den wenigen Orten genannt wird, die zum Gau Rotoldesbuch, der späteren Grafschaft Sigmaringen, gehörte. Bei Isikofen befand sich eine Furt, und durch diese lief die alte Grenze der Grafschaft Sigmaringen Egelfingen zu. Von der ehemaligen Burg sind nur noch geringe Reste übrig geblieben. — —

Da wo die Lauchert von dem Felsen nach Südwesten abgedrängt wird, führt der alte Burgweg in wenigen Minuten vor den Burgeingang auf der Nordostseite. Der Hügel, auf dem die Burg stand, jetzt ganz bewaldet, fällt gegen Süden, Westen und Osten steil ab. Auf der Westseite, gegen die Lauchert, befindet sich noch ein Teil der Ringmauer in etwa 2 m Höhe. Die Ringmauer zog sich am Hang des Berges hin, und schloss wohl an einem Tortum an, der in der Nordostecke, wo jetzt ein grosser Steintrümmerhaufen liegt, zu suchen sein wird. Inmitten des Burgberings auf der höchsten Stelle stand ein jetzt ganz zerstörter viereckiger Turm.

Isikofen schief gegenübei am rechten Ufer der Lauchert auf der dort vorspringenden Felskuppe lag das Stammschloss der Herren von Hornstein (s. d.) die Burg HERTENSTEIN die gänzlich verschwunden ist (s. Hornstein).

Oberhalb Jungnau zwischen diesem und Veringendorf lag die Burg der Herren von APFELSTETTEN. Dieses Geschlecht kommt im 14. Jahrhundert mehrfach vor und gehört zu den Dienstmannen der Herren von Jungingen. Apfelstetten kam mit Jungnau, zu dem es gehörte, 1367 an die Herren von Reischach und von diesen 1418 an die Grafen von Werdenberg (s o.). Es sind nur noch geringe Reste der Burg vorhanden. Sie liegen auf einem Felsenvorsprung etwa 80 m über der Lauchert. Steigt man von Südwesten an, so trifft man auf den etwa 5 m tiefen Felsgraben. Der Felspfad führt sodann steil zur Höhe hinan zu den Resten eines viereckigen Turmes mit anstossendem Wehrgang oder Wachthaus auf dem nördlichen dem Tale zugekehrten Felsgrat. Mauerreste, aus äusserst hartem Gussmörtel hergestellt, sind auf der Nord- und Ostseite noch erkennbar. Der Wehrgang oder das Wachthaus lehnte sich südlich und westlich an die höher stehenden Felsen an. Auf der höchsten Stelle des Felsgrates, über dem Felsgraben, sind auch noch Spuren von Mauerwerk ersichtlich, das vielleicht einem Turm angehörte.

JUNGINGEN. Von den Herren von Jungingen ist bei Jungnau besonders die Rede. Um nicht den Anschein zu erwecken, wir hätten die ehemalige Burg der Herren von Jungingen vergessen, sei Folgendes erwähnt: Südlich vom Pfarrdorfe Jungingen, etwa 2 km entfernt, liegt auf der Vorhöhe des ziemlich ansteigenden Gebirges das sogenannte Bürgle. Hier stand höchst wahrscheinlich die Burg der Herren von Jungingen, ein angesehenes Herrengeschlecht, das vom 12. bis 16. Jahrhundert blühte, sein Stammschloss Jungingen aber schon früh verlor oder aufgab und sich in Jungnau anbaute. Heute ist von der Burg nur noch Wall und Graben vorhanden. Jenseits des Tales liegt abermals ein ehemaliger Burgplatz; hier stand die Burg der Herren von Affenschmalz.

KRAUCHENWIES.

Krauchenwies hat in der Neuzeit unter den hohenzollerischen Orten einen bevorzugten Ruf, weil es alljährlich für mehrere Monate der fürstlichen Familie zum Sommeraufenthalte dient. Die Nähe von Sigmaringen, welches nur 8,8 Kilometer entfernt ist, sowie die schönen, weitausgedehnten Park- und Garten-Anlagen, welche dem Publikum zugänglich sind, machen es als Ausflugsort sehr beliebt.

Krauchenwies ist auch ein sehr alter Ort, dessen Anfänge im Dunkeln liegen. Die Deutung des Namens ist bis jetzt nicht zur Zufriedenheit gelungen. Es schreibt sich: 1202 Crvchinwis, 1216 Cruchemwise, 1242 Cruchewise, 1243 Cruchuwise, 1281, 1371 und 1392 Kruchenwis, 1313 Cruchemwis, 1427 Krawchenwise, 1493 Kruchenwiss und dann Krauchenwies.

Schon im 12. Jahrhundert hat Krauchenwies Ortsadel; denn wir hören 1202, also gleich nach der Wende des genannten Jahrhunderts, von einem Albertus de Crvchinwis, Ministeriale des Klosters Reichenau, sowie von Heinrich und Eberhard de Crvchinwies. Im Jahre 1281 ist Ber. (told) de Kruchenwis

Abb. 111. Der Schlosshof von Krauchenwies.

Zeuge bei einer Schenkung des Grafen Mangold von Nellenburg an das Kloster Habstal. Lange Zeit war Krauchenwies Dekanatssitz; so wird 1243 als Dekan Artolf, 1312 und 1313 Dekan Haertnit genannt. Der Ortsadel von Krauchenwies starb mit dem 13. Jahrhundert aus; denn in dieser Zeit treten als erste urkundlich nachweisbare Besitzer die Herren von Leiterberg auf, die 1298 das Dorf und den Turm daselbst an das Haus Österreich verkauften. Dieses gab Burg und Dorf den von Buwenberg als Lehen. Im Jahre 1371 sendet Konrad von Buwenberg, Ritter, den Herzogen Albrecht und Leopold zu Österreich Krauchenwies »burg und dorf« als Lehen auf und bittet, es dem Diethelm Graemlich zu leihen. Aus der Urkunde geht hervor, dass die Grafen von Montfort Krauchenwies ebenfalls schon zu Lehen gehabt hatten.

Die Graemlich waren ein viel verzweigtes, begütertes Adelsgeschlecht.

Im Jahre 1451 sendet Konrad Graemlich das Lehen, welches er nennt »myn wasserhus«, dem Herzog Sigmund von Österreich, auf und teilt diesem mit, dass er das »wasserhus« dem Freiherrn von Zimmern zu Messkirch verkauft habe, dem er es zu Lehen zu geben bitte.

Wir haben nun schon drei Bezeichnungen: Im habsburger Urbar 1303 heisst es Turm, zweifellos ein Wohnturm, im buwenberger Lehenbrief 1371 wird es Burg genannt und nun 1451 lautet die Bezeichnung zum ersten Male: »Wasserhaus«.

In der Folgezeit wechseln die Lehensinhaber ausserordentlich rasch. Wir finden: Zimmern, Ramsperg (1453), wieder Zimmern (1456), wieder Graemlich (1464), Homburg (1491), Sürgenstein (1516), wieder Homburg (1562), schliesslich Scharenstetten (1569). Nun sollte Krauchenwies endlich in ruhigen

Besitz gelangen. Nach mancherlei Auseinandersetzungen mit den früheren Lehensinhabern wurde 1595 Krauchenwies, das Wasserhaus und das Dorf, von Erzherzog Ferdinand von Österreich dem Grafen Karl II. von Hohenzollern-Sigmaringen verliehen, nachdem dieser das Lehen von Karl von Schornstetten um 29000 Gulden gekauft hatte. Jetzt hatte Krauchenwies einen Besitzer gefunden, in dessen Hände es bleiben und sich wohl finden sollte.

Fürst Karl Anton von Hohenzollern wurde hier am 7. September 1811 geboren, desgleichen von seinen Kindern die Prinzessin Stephanie am 15. Juli 1837, die spätere Königin von Portugal, und ebenso Fürst Leopold am 22. September 1835.

Der Ort hat im Laufe der Zeiten manchen hohen erlauchten Gast am fürstlichen Hofe gesehen, Könige und sonstige Regenten, deren Namen mit der deutschen und europäischen Geschichte enge verknüpft sind. — -

Von den beiden Landhäusern des Fürsten von Hohenzollern liegt der ältere Bau hart an der Staatsstrasse nach Sigmaringen, der jüngere in westlicher Richtung im Park. Karl II. (1576—1606) liess das »alt Schloss oder Wasserhaus« neu aufführen mit einer Kostensumme von 3795 Gulden für »Behausung, Kirche (Kapelle), Glockenthürmchen und Küche«. Dieser Bau wurde später unter Fürst Karl Friedrich (1769–1785) und noch in unseren Tagen mehrfach verändert. Das Schloss hat eine hufeisenförmige Grundform. Im nördlichen Flügel liegt die Durchfahrt zum Hof. Der westliche Flügel ist gegen Süden halbrund geformt. Hier ist der älteste Teil der Anlage zu

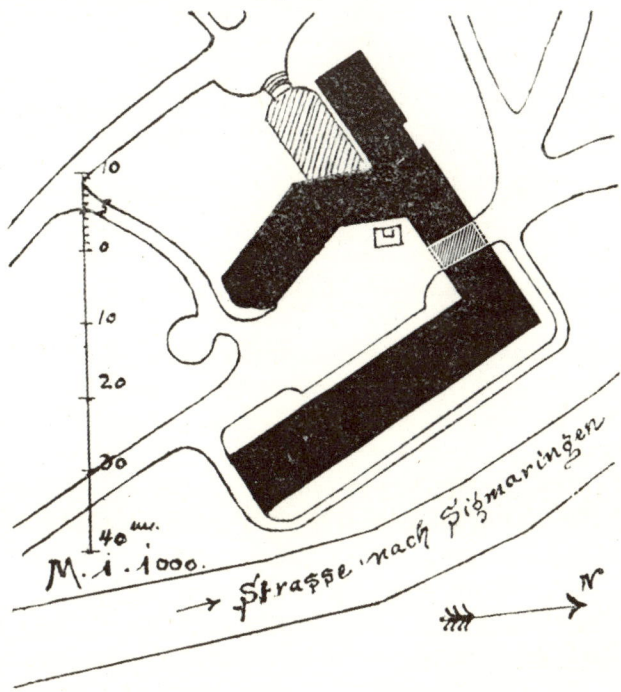

Abb. 112. Übersichtsplan vom Schloss Krauchenwies.

suchen. Er enthält unten die Hauskapelle mit einem nischenartigen Ausbau für den Hochaltar, mit darüberliegenden Wohnräumen. Die weiter nördlich liegenden Räume sind umgebaut und dienten früher als Küche. Im fürstl. Hausarchiv wird unter anderem ein Verdingzettel aufbewahrt, abgeschlossen im Auftrag des Grafen Karl II. zu Hohenzollern-Sigmaringen von dem Rentmeister Hilarius Hornstain und dem Baumeister Hans Waldner aus Ravensburg mit dem Zimmermeister Hans Lacher von Langenenslingen über die Herstellung des ganzen neuen Baus zu Krauchenwies mit »Behausung, Kürchen, Gloggenthürmlin und Kuchen« für 400 Gulden nebst Materialien. Geschehen zu Sigmaringen 20. Oktober 1597.

LANGENENSLINGEN.

Abb. 113.   Das Schlössle zu Langenenslingen.

Das Schlösschen in Langenenslingen steht mit dem Ort in keiner wesentlichen geschichtlichen Beziehung, sodass wir hier davon absehen müssen, auf die Geschichte des stattlichen Marktfleckens einzugehen, wenn er auch zu den ältesten in Hohenzollern zu zählen ist, da er schon 935 als Ensilingen vorkommt.

Erst Karl II. (1576—1606) von Hohenzollern-Sigmaringen liess 1576 bis 1578 das Schlösschen erbauen, wodurch er mit der Gemeinde in Streit geriet, weil die ihm das Recht bestritt, das Eichenholz dazu in den Gemeindewaldungen schlagen zu dürfen. Es kam zu einer Beschwerde beim Kaiser; der Entscheid aber erfolgte, recht bezeichnend für den Gang der damaligen Rechtspflege, erst 1605. Im Jahre 1627 wurde dem Turm gegenüber eine kleine Kapelle auf der südöstlichen Ecke erbaut, die Weihbischof Georg Sigmund erst 1659 einweiht.

Fürst Meinrad II. (1689 - 1715) von Hohenzollern-Sigmaringen liess Schlösschen und Kapelle wieder herstellen, und die dritte Gemahlin des Fürsten Joseph Friedrich (1715 1765), Maria Theresia, starb hier am 7. Mai 1761. Als 1811 das Schlösschen in Privatbesitz überging, brach man die Kapelle ab. Im Jahre 1858 wurde das Schlösschen um 7400 Gulden Eigentum der Gemeinde und ist jetzt Rathaus.

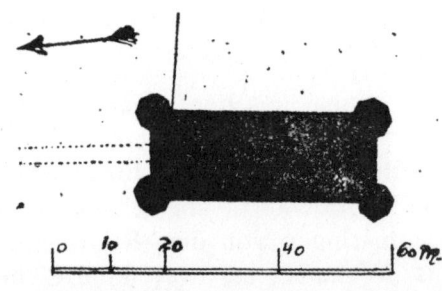

Abb. 114.   Grundplan vom Schlössle
Langenenslingen.

Etwa 3 Kilometer von Langenenslingen liegt der Berg, auf dem einst die Burg Habsberg, schon 1116 als Habechisperg genannt, lag. Heute sind kaum noch Spuren vorhanden. -- —

Das ehemalige »Schlössle«, mitten im Ort, ist ein einfacher, langgestreckter Bau, 40 m lang, 15 m tief und hat vier achtseitige Türme an den Ecken. Über dem Portal ist das Allianzwappen des Fürsten Meinrad II. zu Hohenzollern-Sigmaringen und der Fürstin Johanna Katharina, geborene Gräfin von Montfort. Jahreszahl 1719.

LICHTENSTEIN.

Geht man auf der Strasse Gammertingen — Burladingen dem Killertale zu, so erblickt man etwa 3 km nordwestlich von Neufra, dem mittelalterlichen Niuferon, links auf beträchtlicher Höhe, in schöner malerischer Lage, von der sich eine weite, umfassende Fernsicht bietet, die Ruinen der ehemaligen Burg

Abb. 115. Vorder-Lichtenstein bei Neufra.

Lichtenstein. Es giebt verschiedene Burgen dieses Namens. Am bekanntesten ist Lichtenstein bei Honau, allgemein berühmt geworden durch den gleichnamigen Roman von Hauff, wiewohl die von dem Dichter erzählten Ereignisse fast sämtlich in das Gebiet der Fabel, der Erfindung gehören. Die Besitzer der beiden Burgen sind stammverwandt gewesen.

Sieht man unsern Lichtenstein von Südosten her, so erscheinen zwei abgesonderte Bergkegel, die nur durch einen Grat verbunden sind, beide von prächtigen Buchenwaldungen umrauscht. Die östliche Ruine, Neufra zugewendet, ist die bedeutendere und heisst auch im Volksmund Lichtenstein, während die nordwestliche Bubenhofen genannt wird. Letztere Bezeichnung ist unrichtig; denn beide Burgen heissen Lichtenstein und gehören zueinander. Der nordwestliche Teil war nur eine Vorburg, eine Verstärkung, ein Beobachtungsturm, wie wir solche bei grösseren Burgen öfter wahrnehmen können. Die andere Ruine ist die der Hauptburg. Diese Verwechslung der Namen kommt daher, weil die Herren von Bubenhofen 1468 einige Zeit in Besitz von Gammertingen und Hettingen waren. In allen Belehnungsurkunden des Mittelalters heisst es stets: Vorder- und Hinter-Lichtenstein.

Die ersten Lichtensteiner begegnen uns 1278, Sweniger und Bertold von Lichtenstein. Ob sie damals Lehensleute der Grafen von Hohenberg waren, wie behauptet wird, scheint mir nicht; denn 1325 nennen die Grafen von Zollern sie ausdrücklich »unsere Diener«, sie waren somit zollerische Dienstleute. Dieser Sweniger, auch Swänger, stiftete 1332 eine Kapelle auf dem Friedhof zu Neufra. Der Name Sweniger, Swaeniger, Swenger, Schwenger ist erblich in der Familie und findet sich von 1278—1386. Auch die Namen Dietrich und Burkhard sind häufig bei ihnen. Ulriche von Lichtenstein kommen im 14. und 15. Jahrhundert vor. Um 1334 war ein Ger (wohl Gerig, Georg) von Liehtenstain Komtur zu Villingen. Ein anderes Glied der Familie, Heinrich, hatte sich 1323 ebenfalls dem geistlichen Stande gewidmet; er war Mönch zu Salem. In den Jahren 1415—1418 begegnen wir einem Ulrich von Lichtenstein als württembergischer Vogt zu Rosenfeld. Die Schreibweise Liehtenstain kommt häufig vor, wohl weil im Mittelalter das h scharf wie ch gesprochen wurde.

Vorder- und Hinter-Lichtenstein erfuhren vielen Besitzwechsel. Sehr wahrscheinlich brachte Adelheit von Zollern († vor 1382) Lichtenstein ihrem Gatten, dem Grafen Heinrich von Veringen († 1366), zu. Deren Sohn Wölflin vermachte die Pfandschaft von Lichtenstein 1407 an Heinrich von Rechberg von Hohenrechberg. Aber schon hatten die verschuldeten Veringer das Meiste der Burg an Württemberg verkauft; denn 1411 versetzte Graf Eberhard von Württemberg dem Heinrich von Rechberg die vordere Burg ganz und Lichtenstein die hintere Burg halb. Es herrscht auch bei Lichtenstein, wie bei vielen Burgen und Besitzungen in jener Zeit, ein krauser Durcheinander, indem durch stetes Verpfänden die Pfandinhaber häufig wechseln. Als 1442 die Württemberger ihre Besitzungen teilten, kam Vorder-Lichtenstein und halb Hinter-Lichtenstein an Graf Ludwig I. Im Jahre 1447 kaufte Graf Ulrich das Burgstall Hinter-Lichtenstein. Um 1457 wird auf Vorder-Lichtenstein als Burgvogt Lenz von Hausen genannt. Nun fielen 1474 das Burgstall Vorder-Lichtenstein und halb Hinter-Lichtenstein an Hans von Bubenhofen als württembergisches Lehen. Die von Bubenhofen verkauften das Lehen an Dietrich Speth, Erbtruchsess von Württemberg. Bei dieser Familie blieb es bis nach dem 30jährigen Krieg. Jetzt ist Vorder- und Hinter-Lichtenstein in Besitz des fürstlichen Hauses Hohenzollern.

Wann die Burg Lichtenstein bei Neufra zerstört wurde, ist nicht bekannt. Wahrscheinlicher ist, dass sie nicht mit Gewalt gebrochen wurde, sondern seit langer Zeit unbewohnt blieb und dann zerfiel, wobei Menschenhände durch Abbruch noch mitwirkten.

Unsere Lichtenstein waren auch bei Neckarhausen begütert. Eine interessante Kirchenfahne, eine Seltenheit in Leinenknüpfarbeit, fand ich vor Jahren zu Neckarhausen; sie ist jetzt in der fürstlich hohenzollerischen Sammlung zu Sigmaringen. — —

Vorderlichtenstein, hoch über dem Fehlatale, dem Orte Neufra zunächst gelegen, ist eine Burganlage von unregelmässig dreiecker Grundform von etwa 30 m Seitenlänge. Die starke Ringmauer ruht auf einem 6—8 m hohen Felsunterbau. In der nördlichen Ecke erhob sich ein rechteckiger Turm von 8,4 m Länge und 6,6 m Breite aus mächtigen Buckelquadern, dessen nordöstliche Ecke noch etwa 5 m hoch aufrecht steht. Der übrige Teil ist in sich zusammengestürzt. Der Eingang zum Turm lag gegen Süden dem Burghof zu. Der Eingang zum Burginnern befand sich in der östlichen Ringmauer nahe dem Turme. Die Ringmauer, mit noch sichtbarem Wehrgang, ist gegen Nordwesten 2,2 m, gegen Osten 2,1 m, gegen Süden 1,7 m stark. Die auf der Nordwestseite erhaltene Wehrmauer ist 1,55 m hoch, 0,8 m stark; der nach innen liegende Wehrgang 1,4 m breit. Der Wehrgang liegt etwa 5 m über dem

Burghof und 6—7 m über dem äusseren Felsen. Im Burginnern an der südlichen Ringmauer ist ein Mauerteil aus schön gefügten Quadern erkennbar, vielleicht ein Rest des ehemaligen Wohnhauses. Jetzt ist alles dicht verwachsen und fast unzugänglich.

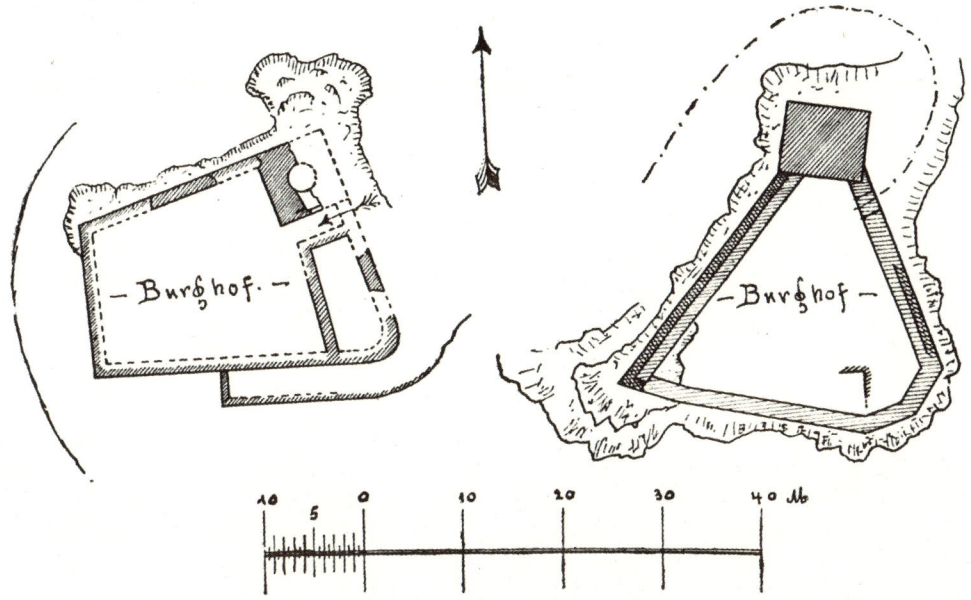

Abb. 116.   Rechts Grundplan von Vorder-Lichtenstein, links Grundplan von Hinter-Lichtenstein.

Hinter-Lichtenstein liegt 500 m westlich von Vorder-Lichtenstein entfernt, ebenfalls auf schroffem Felsen und etwas höher als Vorder-Lichtenstein. Der Burgbering bildet ein unregelmässiges Viereck von etwa 25 m Seitenlänge. Die südöstliche Ecke ist stark abgerundet. Hier lag, nach den vorhandenen Mauerresten zu schliessen, das Wohnhaus von 12 m Länge und 7 m Breite. Die Ringmauer ist grösstenteils abgestürzt, auf der Nord- und Südseite stehen noch einige Stücke derselben aufrecht. Sie war auf der Ostseite und auf der Nordseite 1,6 m, auf der Südseite 2,3 m stark und meist auf Felsen aufgesetzt. Der südlichen Ringmauer war ein schmaler Zwinger von 3,4 m Breite vorgelegt. Der Eingang zum Burghof lag auf der Ostseite zwischen dem Turm und dem Wohnhaus. Der Turm in der nordöstlichen Ecke der Burganlage ist aussen viereckig, 7,6 m lang und 6,7 m breit, innen rund (2,8 m Durchmesser), aus mächtigen Buckelquadern mit Randschlag hergestellt. Die südwestliche Ecke mit dem schön abgetreppten Sockel ist noch in einer Höhe von 12—15 m vorhanden. Die nordöstliche Hälfte ist abgestürzt. Von der ehemaligen Eingangspforte auf der Südseite steht noch in einer Höhe von etwa 6 m vom stark verschütteten Burghof ab der linke (westliche) Pfeiler und ein Teil des Rundbogens, auch der Gewölbeansatz des ehemaligen Durchgangs zum Turminnern. Die Eingangspforte war etwa 0,90 m breit und 2 m hoch. Die alte Öffnung für den Verschlussriegel ist noch sichtbar; ebenso die Balkenöffnung eines Tragbalkens der Plattform vor der Eingangspforte. Die Mauerstärke des Turmes beträgt auf der Südseite 2,3 m, auf der Nordseite 1,55 m einschliesslich der Ringmauer, ohne letztere 1,15 m. Burghof und nächste Umgebung ist jetzt ganz bewaldet.

Die von Lichtenstein waren auch in und bei Neckarhausen ansässig und begütert. Von der auf der jetzt bewaldeten Bergkuppe etwa 200 m über der Talsohle gelegenen Burg sind nur noch ein Ringgraben und wenige Mauerreste sichtbar.

DER LINDICH.

Abb. 117. Der Lindich.

Das Lustschloss Lindich ist mit der Villa Eugenia das jüngste unter den hier behandelten Schlössern Hohenzollerns. Es ist ein schön gelegener Sommersitz, etwa 4 Klm. westlich von Hechingen, oberhalb der Staufenburger Höhe. Im Jahre 1742 erbaute Fürst Friedrich Ludwig von Hohenzollern-Hechingen den Lindich. Vom Jahre 1826—1834 diente der Lindich dem Erbprinzen Friedrich Wilhelm Konstantin und der Erbprinzessin Eugenie als Residenz. Als König Friedrich Wilhelm IV. 1856 die Burg Hohenzollern besuchte, wohnte er, die Königin und Prinz Wilhelm von Preussen, der spätere Kaiser Wilhelm I., Gäste des Fürsten Karl Anton von Hohenzollern, auf dem Lindich. Im folgenden Jahre nahm die Prinzessin Stephanie von Hohenzollern, als Braut des Königs Dom Pedro V. von Portugal, mit ihren Eltern nnd Brüdern und dem portugiesischen Gesandten Grafen Lavradio für eine Nacht Aufenthalt im Lindich. Ein weiteres geschichtliches Ereignis von ganz besonderer Bedeutung für Hohenzollern war der Aufenthalt König Wilhelm I. von Preussen am 2. Oktober 1867 mit der Königin Augusta und dem Kronprinzen Friedrich Wilhelm zur Empfangnahme der Schlüssel der neu erbauten Zollerburg. Die königliche Familie war auch dies Mal wieder Gast der fürstlich-hohenzollerischen Familie, des Fürsten Karl Anton von Hohenzollern, Miterbauers der Burg. Auch 1873 sah der Lindich hohe Gäste, indem die fürstlich hohenzollerische Familie aus Sigmaringen nebst dem Fürsten Karl und der Fürstin Elisabet von Rumänien sowie dem Grafen und der Gräfin von Flandern längere Zeit in der Villa Eugenia und dem Lindich Wohnung nahmen. Jetzt wird der Lindich nicht mehr bewohnt. — —

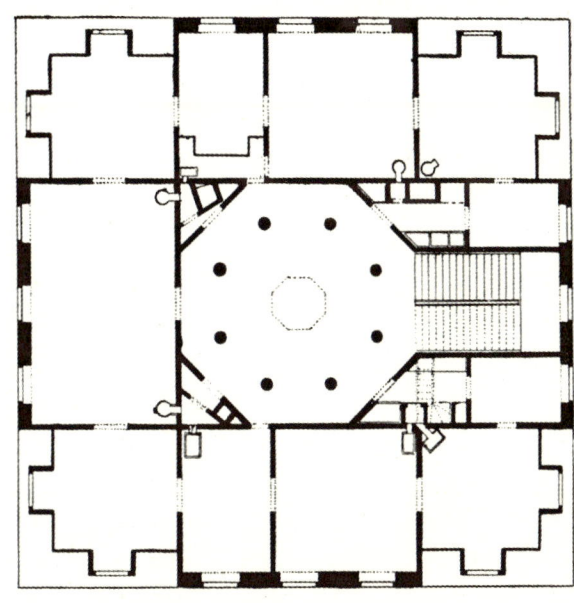

Abb. 118. Grundriss des zweiten Obergeschosses.

Das Schloss, ein quadratischer Bau von 21,55 m Seitenlänge mit Eingang auf der Südseite ist im Innern durch breite Gänge kreuzweise geteilt. Im Mittelraum sind die Ecken abgeschrägt und mit Nischen versehen. Im östlichen Seitenarm liegt die Treppe, im westlichen Flügel die Hauskapelle. Südlich ist ein Balkon, auf Säulen ruhend, angeordnet. Im zweiten Obergeschoss bildet der Kern ein regelmässiges Achteck. Über diesem inneren Raum wölbt sich eine

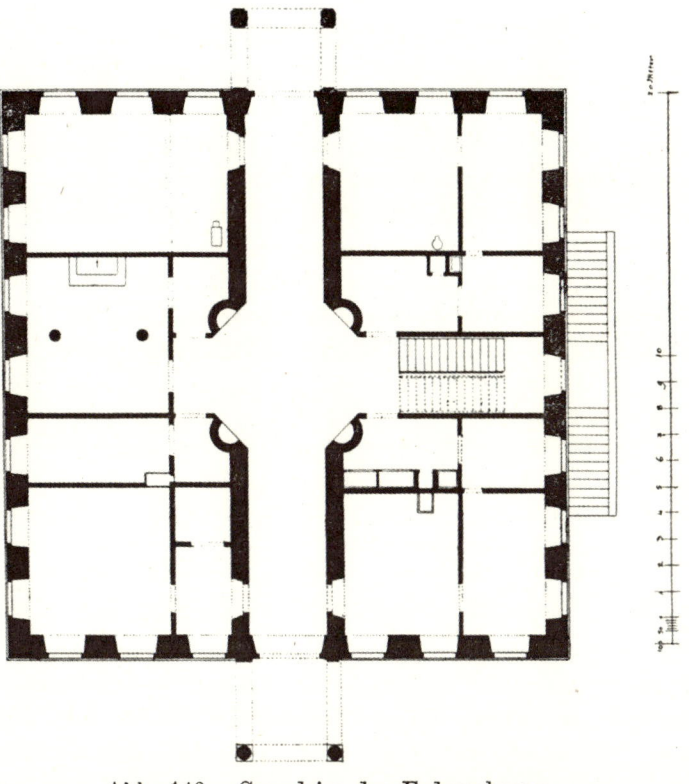

Abb. 119. Grundriss des Erdgeschosses.

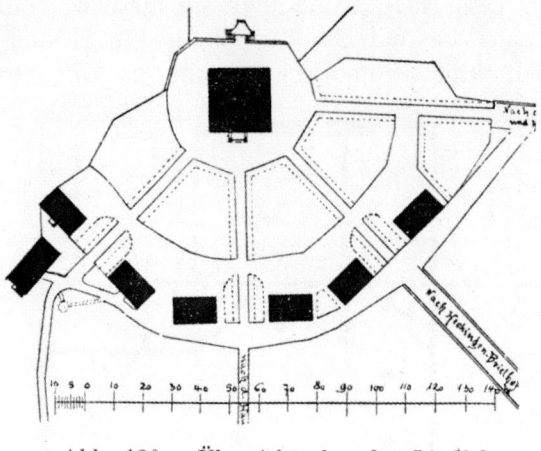

Abb. 120. Übersichtsplan des Lindich.

Kasettenkuppel von dorisirenden Säulen getragen, darüber liegt eine zweite, über Dach geführte Kuppel. Nach einem alten Plan vom Lindich war ein dreistöckiges Gebäude mit mächtigem Wappengiebel gedacht; jetzt zeigt der Bau nur 2 Stockwerke mit 4 einfachen Giebelaufsätzen nach jeder Seite; Mansardendach und über diesem die achteckige Kuppel mit geschweiftem Dach und Vasenabschluss. Der jetzt um das Gebäude geführte Laubgang ist nach dem Jahre 1860 entstanden.

MELCHINGEN.

Uralter Kulturboden, eine Gegend, die der Mensch seit Jahrtausenden als Wohnstätte sich erwählte! Daraus folgt, dass ihn die Alb anmutete, dass sie ihm bot, was er suchte. Und das war auch bei Melchingen der Fall. Hier befinden sich die Überreste und deutliche Spuren einer vorgeschichtlichen Volksburg, hier wohnten Menschen der Hallstadtzeit, hier fanden es die Römer gut, bauten eine Strasse und setzten ihre Ansiedler hierher. Auf dem Pfaffenberg opferten sie ihren Gottheiten, dafür zeugen die Funde, die dort und in nächster Umgebung gemacht wurden. Die sich hier ansiedelnden Schwaben nannten ihren Wohnort Malichingen — nicht Mulichingen - wie der Name zweifellos unter den Schenkungen, die Bleon und sein Sohn Otto 772 an das Kloster Lorsch machten, gelesen werden muss. Als noch die spätere Grafschaft Gammertingen ihren ehemaligen Gaunamen Burichinga führte, bestand Malichingen schon.

Wir lesen, wie schon gesagt, 772 Malichingen, 1040—1100 klar, deutlich und für Malichingen sprechend, Malichingin und Malechingen, 1275 1284 Melchingen, dann im 14. Jahrhundert Maelchingen und von da an ebenso Maelchingen wie Melchingen. Genau geschrieben müsste somit der Name Mälchingen lauten. Diese Bezeichnung deutet auf einen Gründer des Ortes mit dem Personennamen Malicho und das ist von besonderer Wichtigkeit für die Ansiedlung. Er leitet sich nämlich ab von Malulf, Malbad, Malkop u. dergl. m.

Hierin steckt der Stamm mal = Versammlung = Rede, gebildet aus madal = Versammlungsplatz. Das erinnert aber sofort an mahal = Gerichtsstätte, Malstätte, uud somit wäre Melchingen in altschwäbischer Zeit schon die angesehene Malstätte der Burichinger Marca gewesen.

Abb. 121. Ruine Melchingen.

Dass sich an einem solchen Orte ein Edeling schon in früher Zeit seine Burg bauen würde, nachdem er vorher vielleicht mehr als viele Jahrzehnte im Orte selbst auf seinem Herrenhofe gewohnt, kann nicht auffallend sein. Es überrascht uns daher nicht, dass wir unter den Schenkungen an das Kloster Zwiefalten (1100—1138) auch solche von einem Albertus de Malichingin finden, wenn dieser nicht ein Edler von Hölnstein war. In den Jahren 1279 und 1287 werden dann Burkhard und Arnold von Melchingen als Zeugen bei einem Kaufakte der Grafen von Zollern genannt. Wie wir das immer wieder bei den Edelleuten sehen, dass sie ihr Eigentum als Lehen einem Mächtigeren aufgeben, um es in gleicher Eigenschaft wieder zurück zu erhalten, so auch bei denen von Melchingen; denn schon 1344 besitzen die Grafen von Württemberg die Burg zu Melchingen und geben sie Burkhard dem Melchinger zum Lehen. Es wird sich hier aber nicht um die ganze Burg gehandelt haben; denn wir sehen in der Folgezeit verschiedene Teile der Burg in verschiedenen Händen. So war 1402 Hans von Zimmern Herr eines Drittteils der Burg; denn in diesem Jahre leiht er den genannten Teil dem Wilhelm Schenk von Stauffenburg, wobei erwähnt wird, dass vorher Kunz der Melchinger selig darauf gesessen habe. Und 1439 verkauft Hans von Melchingen seinen Teil an der Burg, nämlich das Vorderhaus halb und den hinteren Stock an die Grafen von Werdenberg. Wieder fünf Jahre später verkauft Renhard von

Melchingen seine Hälfte der Burg an Graf Eberhard von Werdenberg. Es ist hieraus zu schliessen, dass die Burg ziemlich umfangreich gewesen ist und aus mehreren Wohnungen, Häusern und dem Turm bestand. Oswald Gabelkover zählt Melchingen noch zu den württembergischen Burgen, was nicht zutrifft (s. Hölnstein).

Die Grafen von Werdenberg waren durch mehrere Käufe in Besitz der ganzen Burg und vieler Liegenschaften des Pfarrdorfes gekommen, das schon sehr früh eine eigene Pfarrei besass, die 1275 zum Dekanat Ringingen gehörte. So angesehen und mächtig die Grafen von Werdenberg waren, den Melchinger sollte die neue Herrschaft verhängnisvoll werden.

Die Werdenberger hatten drei Knechte des Eberhard von Klingenberg gefangen genommen und, nach der unbarmherzigen Sitte damaliger Zeit, jene sehr hart und grausam behandelt. Einer dieser drei Knechte, Konrad Rouber, genannt Guttelin, verlangte, wieder frei geworden, Schadenersatz, der ihm verweigert wurde. Da nahm 1464 Hans von Rechberg mit Eberhard von Klingenberg und Wolf von Asch sich des Knechtes an, der ihnen eine willkommene Ursache bot, Raub und Brand zu üben, was dem wüsten Rechberg der liebste Sport war, und kündigten den Werdenbergern Fehde an. Beide Parteien verstärkten sich durch zahlreiche Adelige, und es entstand ein fast ganz Schwaben in Mitleidenschaft ziehender Krieg, der unsagbar viel Elend über Land und Leute brachte. Hans von Rechberg sammelte bei dreihundert Schnapphähne zu Pferd und etliches Gesindel zu Fuss, Alle seiner würdig, und zog, ein rechter Raubritter, in den werdenbergischen Ortschaften umher, brennend, raubend, brandschatzend und mordend. Hierbei erlitt auch Melchingen als werdenbergischer Ort das Schicksal, heimgesucht zu werden. Viele Burgen wurden belagert und zerstört. Hans von Rechberg besass nicht weniger als drei Burgen, auf denen er seinen Raub zu bergen wusste. In einem Zusammentreffen bei Hornberg ereilte ihn sein Geschick. Er stiess sich durch Zufall einen Pfeil in den Leib, den ein armer Bauer auf ihn geschossen, der ihn jedoch nicht einmal verwundet hatte. Mit dem ihm eigentümlichen Kraftwort hosta madostha kündete er sich selbst den Tod an und starb drei Tage später in Villingen, wahrscheinlich an Blutvergiftung, immer noch besser daran als jener von Rechberg, dem die Ulmer wegen seines Wegelagerns den Kopf abschlugen.

Aus jenen Tagen wird uns von Melchingen auf Grund urkundlicher Nachricht eine für die Zeit des ausgehenden Mittelalters charakteristische Busse erzählt. Hans Nollhart und Boltz, beide aus Melchingen, die den Hans Singer von Undingen erschlagen hatten, sollten für dessen Seelenheil 40 Messen lesen lassen. Dabei mussten sie mit 60 Männern, deren jeder eine einhalb Pfund schwere Kerze trug, während ihre eigene ein Pfund im Gewicht haben sollte, zum Opfer gehen. Ferner waren sie verpflichtet, ein fünf Fuss hohes und drei Fuss breites Steinkreuz aufrichten zu lassen, einen Jahrtag für Hans Singer zu stiften, deren Verwandten 20 Gulden zu geben und binnen Jahresfrist eine Wallfahrt nach Ach und eine nach Einsiedeln zu »Unser lieben Frowen« zu machen. So hatten es Graf Jos Niklas zu Zollern, Graf Eberhard von Württemberg und Graf Georg von Werdenberg mit einander verglichen, Graf Eberhard als Herr von Undingen, Werdenberg als Besitzer von Melchingen und Graf Jos Niklas als

Hauptmann der Herrschaft Hohenberg. Angesichts der grausamen Justiz jener Zeit fiel die Strafe für den Todschlag, denn Mord wird es nicht gewesen sein, sehr gelinde aus. Die städtischen Gerichte gingen schärfer gegen solche Übeltäter vor. Da sassen die Köpfe loser. Bei diesem Vorfall denkt man unwillkührlich an eine Erscheinung, die uns in Melchingen auffällt. Bei der Bernhardskapelle stehen nämlich — wie das auch von anderen Orten in Hohenzollern nachzuweisen ist — zwei rohgearbeitete, etwa 0,90 m hohe Steinkreuze. Diese Steinkreuze boten dem flüchtigen Verfolgten Sicherung. Hatte er ein solches erreicht, so durfte er nicht mehr verhaftet werden, daher trugen diese Kreuze den Namen Freisteine. Es kommt aber auch vor, dass solche oder ähnliche Steinkreuze nur Sühnekreuze sind, wie sie die Verbrecher zur Sühne errichten mussten; denn Taten, wie Nollhart und Boltz sie büssten, kamen in jener rohen, gewalttätigen Zeit vielfach vor und ebenso Sühnen, wie wir sie oben schilderten.

Melchingen blieb im Besitz der Werdenberger bis zum Aussterben derselben und fiel dann an die Fürstenberg. Nun gehört es zum preussischen Oberamt Gammertingen.

So blickt der stattliche Marktflecken auf eine fast zwölfhundertjährige Geschichte, und könnten wir feststellen, wann die ersten Ansiedler sich hier an dem Ursprung der Lauchert niederliessen, dann käme eine Zeit heraus, die wohl gut doppelt so hoch zu bemessen wäre. — —

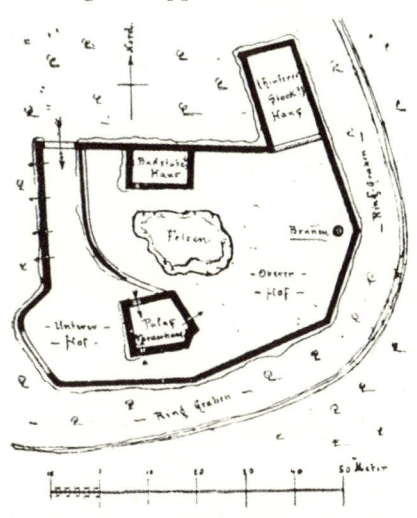

Abb. 122. Grundplan der Burg Melchingen.

Südöstlich vom Ort Melchingen auf dem nordwestlichen Ausläufer eines Bergrückens, dem Pfaffenberg gegenüber, liegt die umfangreiche malerische Ruine, jetzt ganz bewaldet. Der Burgbering umfasst eine Grundfläche von rund 60 m Länge und 45 m Breite und enthält drei selbständige Gebäude. Der Eingang führt von der nordwestlichen Ecke an der westl. Ringmauer entlang zu dem freistehenden fünfeckigen turmartigen Wohnhaus mit zwei Eingängen auf der Nord- und Südseite. Dieses ist jetzt noch 4 Stockwerke hoch und wird in den Urkunden als »Vorderhaus« bezeichnet. Die Mauerstärke im Erdgeschoss ist 1,70 m, in den oberen Stockwerken um etwa 25 cm abgesetzt. Im obersten Stockwerk ist die Mauer noch 0,9 m stark. Die Eingänge waren mit Holzbalken abgedeckt, darüber Entlastungsbögen (flache Spitzbögen) in der äusseren und inneren Mauerflucht. An beiden Türöffnungen sind noch die Löcher der Verschlussriegel sichtbar. Im unteren Stockwerk sind schlitzartige Fensteröffnungen, in den oberen Stockwerken teils grössere Fensteröffnungen mit Resten des alten Wandverputzes, teils (gegen Süden) kleine schmale Fensterschlitze. Nördlich vom Vorderhaus, jenseits des hohen Felsens, an die nördliche Ringmauer angelehnt, liegt ein kleineres Gebäude, vielleicht die ehemalige Badstube, 12 m lang, 9 m breit, auf der Südseite an der südwestlichen Ecke ist der Eingang zu suchen, daneben ist ein schmaler Fensterschlitz sichtbar. Am 1. Juni 1451 verkaufte Hans von Melchingen zu Reutlingen gesessen, die Badstube, welche er beim Verkauf am 6. November 1439 ausgenommen hatte, an die Grafen Heinrich, Hans und Eberhard von Werdenberg, weil dieselbe inzwischen baufällig geworden war. In der nordöstlichen Ecke der Burganlage und weit über die nördliche Ringmauer vorspringend liegt ein langgestrecktes Gebäude 20 m lang und 11 m breit dessen 3 Umfassungsmauern nördlich, östlich und westlich noch etw 5—6 m hoch stehen. Die südliche Schmalseite gegen das Burginnere fehlt. Dieses Gebäude war wohl der obengenannte »hintere Stock«. Die Ringmauer sitzt meist auf Felsen, der sich an der südlichen Seite bis zu 3 m erhebt. Sie hat gegen Norden und Westen 1,20 m Mauerstärke und steht gegen Westen noch 5 - 6 m hoch, die hier vorhandenen 4 Schiessscharten sind aussen 0,15 m breit und 1,05 m hoch. Um die Ringmauer läuft auf der Ost-, Süd- und Südwestseite ein 10 m breiter Ringgraben Im oberen Burghof nahe der östlichen Ringmauer unweit des Vorderhauses, welches nach dieser Seite (nach dem oberen Burghof) einen weiteren Ausgang gehabt haben mag, ist der Brunnen zu suchen, jetzt noch an einem schachtartigen Wasserloch von etwa 1 m Durchmesser erkennbar. Der Unterhof lag 6—7 m tiefer als der Oberhof. Zur Abgrenzung führte vom Haupteingang in der nördlichen Ringmauer eine Schutzmauer gegen den Haupteingang an der Nordseite des Vorderhauses. Mehrfache Mauerreste lassen dies annehmen. Der Unterhof ist gegen Süden durch Herausziehen der Ringmauer stark erweitert. Die äusserste westliche Spitze der Mauer daselbst ist abgerundet.

PFANNENSTIEL.

In stiller Waldeinsamkeit, etwa eine Stunde südwestlich von der Abtei Beuron im Donautal, liegt hart an der württembergischen Grenze, hoch über dem Bäratal, die Ruine Pfannenstiel. Nicht eine der Burgen, die wir in unsere Besprechungen einbezogen, hat eine so ärmliche Geschichte aufzuweisen, wie Pfannenstiel. Unweit der Ruine, die auf einen ziemlich ansehnlichen Bau schliessen lässt, liegen eine Reihe bedeutender adeliger Sitze, wie das ganz nahe stattliche Kallenberg, Bronnen, der trotzige Wildenstein, Werenwag, einst der Sitz des Minnesängers Hug von Werenwag, u a.; von allen diesen Burgen sind uns mehr oder weniger urkundliche Nachrichten überliefert. Von der Burg Pfannenstiel dagegen wissen wir soviel wie gar nichts. Erst im 15. Jahrhundert wird ihr Name genannt, doch ist die Burg damals schon in Verfall geraten und wird als Burgstall mit Gütern verkauft. Damals scheint sie in Besitz eines von Werenwag gewesen zu sein; denn Margareta von Urbach, des Jörg von Werenwag Hausfrau, giebt ihre Einwilligung zum Verkauf des

Burgstalls mit der Gemarkung Eck und allem Zubehör an das Kloster Beuron und den Mitkäufer Hans von Spretter von Rottweil zu Mühlheim. Es scheint demnach, dass Frau Margareta Pfannenstiel als Heiratsgut mitbrachte, oder Jörg von Werenwag ihr das Besitztum als Gegengabe für ihre Mitgift verschrieben hatte. Pfannenstiel blieb von da an in Besitz des Klosters Beuron und ist nun Eigentum des fürstlichen Hauses Hohenzollern. — —

Von der Höhe läuft der schmale Burgweg auf dem Grat hin zu einem künstlich erweiterten Felseinschnitt und durch diesen zu dem Eingang auf der Südwestseite des Vorhofes. Von hier führt der Zugang der östlichen Ringmauer entlang, mittelst Rampe oder Treppe, zu der jetzt ausgebrochenen Eingangspforte auf der Mitte der östlichen Ringmauer und durch diese in das jetzt stark verschüttete Burginnere. Das Balkenloch für den

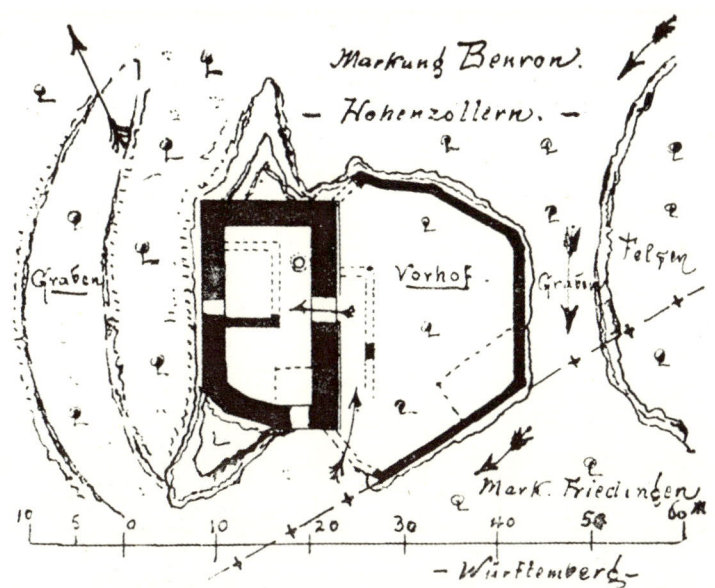

Abb. 123. Grundplan der Burg Pfannenstiel.

Sturzriegel der Eingangspforte ist am rechten Torpfeiler noch sichtbar. Die Ringmauer ist 2,30 m stark und aus geschickt gefügtem Bruchsteinmauerwerk hergestellt. Sie umfasst eine Grundfläche von rund 23 m Länge und 12 m Breite und steht auf der Ostseite noch 6—7 m hoch. Auf der Nordseite sitzt die Ringmauer quer über dem gegen Nordosten steil abfallenden Felsgrat, führt unter rechtem Winkel über den steilen Hang auf der Westseite und schliesst mit Abschrägung an der östlichen Ringmauer wieder an. Im Burginnern, rechts vom Haupteingang, ist die Wasserzisterne an einem schachtartigen Gemäuer von etwa 1,30 m Lichtweite erkennbar. An die westliche Ringmauer angelehnt liegen die stark verschütteten Wohnräume von geringer Ausdehnung, im wesentlichen 2 Räume durch eine 80 cm. starke Mauer getrennt, jedoch wohl im oberen Stockwerk durch eine Türe verbunden. Der nördlich gelegene Raum zeigt eine Fensteröffnung auf der Westseite. Der südwestlich gelegene Raum, als Wohnturm anzuprechen, etwa 9 m lang, 4,60 m breit, gab freien Ausblick ins Bäratal. Gegen Süden ist ein kleiner Bau in die Ecke gesetzt, dessen Mauerreste noch erkennbar sind; dort fehlt die Ringmauer. Es ist möglich, dass sich an dieser Stelle ein Fenster befand. Der dem abgeschrägten Turmbau vorliegende hohe Felsunterbau springt torartig vor und schliesst den Grabeneingang an dieser Stelle ab. Gegen Osten ist der eigentlichen Burg ein etwa 22 m breiter und 25 m langer Vorhof mit ringsumlaufender Mauer vorgelegt. Diese Mauer folgt dem Felsen und schliesst an der nördlichen und südlichen Ecke der Ringmauer an; an der Nordseite ist der Anschluss an der abgebrochenen Ecke der Ringmauer zu suchen. In dem Vorhof lag gegen Südosten an der Mauer angelehnt ein kleines Gebäude (Stallung). Jetzt noch bietet sich ein umfassender Ausblick von der Höhe der Ringmauer: gegen Osten und Südosten hoch aufstrebend die Burg Wildenstein und Schloss Bronnen; die Burg Kallenberg ist nicht sichtbar, gegen Nordwesten schweift der Blick ins Bäratal. Nördlich am Fusse des Felsens liegt der Rainfelderhof.

RINGINGEN.

Abb. 124.   Ruine des Ringinger Bergfrieds.

Mit Melchingen zählt Ringingen zu den ältesten Orten auf der Alb. Nach Gallus Oheim befand es sich unter jenen Schenkungen, die Graf Gerold im 8. Jahrhundert (796) dem Kloster Reichenau machte. Es wird dort »Ringingen uff der Schär« genannt, woraus man folgern sollte, dass es zum Scherragau gehört habe. Das ist aber nicht der Fall; denn seiner Lage nach muss es zur Grafschaft Gammertingen (Burichinga-Gau) gerechnet werden, wenn die angeführte chronikalische Nachricht überhaupt richtig ist. Dass Ringingen eine sehr alte Ansiedlung ist, beweist sein Name, der fast immer ganz gleich Ringingen geschrieben wurde und von einem Personennamen Ringo, Hringo, was soviel heisst als der Gepanzerte, herzuleiten ist.

Das Geschlecht der von Ringingen kommt schon in einem Eberhard von Ringingen 1277 vor, wo der Ort eine eigene Pfarrei besass. In demselben Jahre wird uns nämlich ein Swiger als Dekan zu Ringingen überliefert. Die Edlen von Ringingen, ein begütertes Geschlecht, waren ein Nebenzweig der

Truchsesse von Urach und hiessen sich auch Truchsesse von Ringingen. Im Jahre 1342 nennt sich Kuon von Ringingen Ritter, Truchsess von Urach. Ein Konrad Truchsess ist 1398 Bürge für Graf Rudolf von Hohenberg. Besonders häufig kommt in dem Geschlechte der Name Georg, Jerig, Jörg, Gerie vor. Heute noch sagt der Volksmund für Georg — Gore. Wir begegnen diesem Namen von der zweiten Hälfte des 14. Jahrhunderts bis Ende des fünfzehnten, wo 1480 Jörg Truchsess von Ringingen auftritt. Dieser Jörg scheint der letzte Truchsess von Ringingen gewesen zu sein. Württemberg und Zollern waren stark begütert zu Ringingen. Oswald Gabelkover zählt Ringingen noch zu den württembergischen Burgen (s. Hölnstein). Von Württemberg gingen die Rechte und Besitzungen an die Werdenberg über, und deren Erben waren die Fürstenberg. So kam es, dass Hohenzollern und Fürstenberg sich in die Rechte über Ringingen und Hölstein teilten, bis durch den Vertrag von 1584 diese Sache geregelt wurde (s. bei Hölstein).

Die zimmerische Chronik erzählt von den Herren von Ringingen, sie seien 1279 noch Freiherren gewesen. Die Burg scheint unter Herzog Ulrich zerstört worden zu sein. Der genannte Chronist sagt (1566) von der Burg — »die maurn steen noch mertails und ist ein schöner, ahnsehnlicher edelmannssitz gewesen«. Der letzte Besitzer war Schmeller von Ringingen, ein wilder Geselle, der nach seinem Tode als ruheloser Geist im Schlosse rumorte, bis es wie vorhin angegeben, zerstört wurde. — —

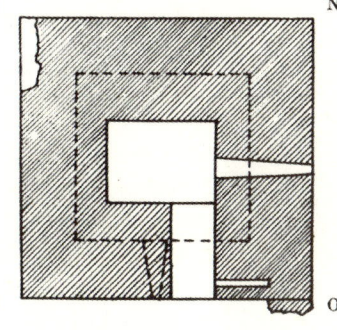

Abb. 125. Grundriss des Bergfrieds.

Südlich vom Pfarrort in dessen nächster Nähe auf bewaldetem Bergkopf, Näh- oder Nehberg genannt, steht als Rest der ehemaligen Burg Ringelstein ein mächtiger viereckiger Turm, 8 m lang, 7,5 m breit, noch 12 m hoch mit einer Mauerstärke von rund 2,60 m. Der Eingang zum Turm liegt auf der Südostseite 6 m über dem Boden, er ist 1,20 m breit, gewölbt, bis zum Widerlager 2,17 m, bis zum Scheitel 2,45 m hoch. Das Loch für den ehemaligen Verschlussriegel der Eingangstüre ist noch vorhanden. Das Eingangsstockwerk ist durch ein Fenster beleuchtet. Das obere Stockwerk von der jetzigen Mauerkrone bis zum Mauerabsatz 4 m hoch hat eine Lichtweite von 4,22 auf 4,50 m. Es ist nach der Nordwestseite um 1,25 m, nach den übrigen Seiten um 0,80 m abgesetzt und ist ebenfalls durch ein Fenster beleuchtet. Die Umfassungsmauern sind aus regelmässig geschichteten Kalksteinen, die Ecken aus grossen Buckelquadern hergestellt. Der Turm liegt in der Nordostecke des Burgberings. Die Anschlüsse der Ringmauer sind auf der Ostseite 1,20 m und auf der Nordseite 2,00 m stark. Ein Ringgraben auf der Nordseite schloss die Burganlage von dem höher gelegenen Bergrücken ab. Am Fusse des Berges gegen Südwesten liegt eine ummauerte Hülbe von ovaler Grundform.

Von Ringingen 20 Minuten entfernt, oberhalb der Strasse nach Burladingen im Buckental, liegt auf schroffem Felsen 70—80 m über der Talsohle das sog.

»Aloysi-Schlössle«, die ehemalige Vorburg der Hauptburg, und von letzterer aus deutlich sichtbar. Der turmartige Bau aus ungleich grossen geschichteten Mauersteinen mit grossen Quaderstücken an den Ecken ist von unregelmässiger fünfeckiger Grundform. Der Eingang ist auf der Ostseite (Bergseite) zu suchen. Der jetzige Name stammt aus viel späterer Zeit.

SALMENDINGEN.

Abb. 126. Ruine Salmendingen (Bergfried).

Burg und Ort Salmendingen liegen auf dem Heufeld. Die Erklärung des Wortes Heufeld ist ganz ähnlich der des Heuberges, wovon wir bei der Burg Hohenberg sprachen. So angesehen und bedeutend wie das nahe Melchingen (s. d.) war Salmendingen nicht, wiewohl es kaum viel später seine ersten Ansiedler in geschichtlicher Zeit besass; denn in seinem Namen liegt, dass es auch bei der Besitznahme des Landes durch die Schwaben gegründet wurde. Allerdings tritt es nachweisbar erst in verhältnismässig später Zeit auf. Es wird zuerst 1245 als Salbeningen erwähnt, 1275, wo es schon eine eigene Pfarrei besitzt, heisst es auffallender Weise Saelberingen, 1313—1394 wird es stets Salbadingen geschrieben, 1387 zuerst Salmadingen neben Salbadingen und dann in der Folgezeit Salmandingen und Salmendingen. Man hat den Namen auf den Personennamen Salmunt (sal = Haus, Heim, und munt = Schutz, Schützer) zurückgeführt, da aber die ältesten Schreibweisen auf b lauten, so liegt es eigentlich näher, an den Personennamen Salbod zu denken, gleichbedeutend mit Hausgebieter.

Die von Salbeningen waren ursprünglich zollerische und dann hohenbergische Ministerialen, genossen aber nicht unbedeutendes Ansehen. Zuerst erscheint Peregrinus von Salbeningen 1245; dann 1260 Hartmann und 1262 ein weiterer Peregrin. Im Jahre 1313 ist Ritter Johann von Salbadingen Bürge für Graf Friedrich von Zollern-Ostertag. Die von Salbadingen waren mehrfach versippt mit denen von Ow, von Pflummern, von Stain, von Stadion und von Lichtenstein. Schon 1339 verloren sie ihren Besitz zu Salmendingen und mit Heinrich von Salbadingen, der 1392 mit anderen schwäbischen Adeligen bezeugte, dass in einem Feldzug gegen die Türken und Heiden ein Deutscher das St. Georgspanier tragen dürfe, scheint das Geschlecht erloschen zu sein.

Schon 1363 erscheint ein anderes Geschlecht, das den Truchsessen von Urach angehörte und sich Truchsess von Salbadingen nannte. Dieses war aber nicht in Besitz der Burg; denn als Besitzer des Burgstalls und verschiedener Güter und Leute tritt in der zweiten Hälfte des 14. Jahrhunderts Burkhard Schilling auf, der das alles an Wilhelm Ungelter von Reutlingen verkaufte. Damals war Salmendingen schon Reichslehen. König Wenzel belehnt 1386 den Ungelter damit. Von Bestand war dieses Ungelter Lehen nicht; denn König Ruprecht lieh alles an Graf Eberhard von Werdenberg. Als Graf Johann von Werdenberg 1448 versäumte, das Lehen bei dem neuen König Friedrich III. zu empfangen, gab dieser es dem Hans von Rechberg. Doch schon 1495 verlieh König Maximilian den Burgstadel den Werdenbergern wieder. Im Jahre 1523 kommt die Burg nochmals als österreichisches Lehen vor, war aber schon lange nicht mehr bewohnt und zwar höchst wahrscheinlich schon seit Ende des 14. Jahrhunderts nicht mehr. Sie zerfiel in Folge dessen. Wenn Oswald Gabelkover (1539—1616) Salmendingen noch zu den württembergischen Burgen zählt, so ist das ein Irrtum. (S. Hölnstein.)

Es lässt sich wohl begreifen, dass die Umgegend auf dem Heufeld eine öde und bei Nachtzeit unheimliche war. Dass bei dem abergläubischen Zuge jener Zeit die Leute dort vielfach Gespenster sahen, ist um so erklärlicher, als sich bei Salmendingen heute noch ein vorgeschichtlicher Grabhügel befindet. Die zimmerische Chronik weiss denn auch so ein Geschichtchen, das an sich ganz harmlos und begreiflich ist, zu erzählen und schliesst: »Man sagt, es sei daselbs uf der Alb oft umgehend. Gott waist die Ursach, warumb es beschicht!« — —

Auf einem jetzt bewaldeten Ausläufer des Kaiberges (Köbele) in geringer Höhe oberhalb des Pfarrdorfes liegt die Ruine mit dem Burgeingang auf der Nordwestseite. Der Burgbering umfasst eine Fläche von etwa 20 m Breite und 25 m Tiefe. Die Ringmauer, ganz zerfallen, war bei der Landesvermessung (1847) noch sichtbar. Sie bildete ein unregelmässiges Fünfeck mit einer Mauerstärke von 1,50 m. Der Turm in der südwestlichen Ecke der Ringmauer ist nahezu quadratisch mit einer Seitenlänge von 10 m und einer Mauerstärke von 2,70—3 m. Er ist noch durchschnittlich 4,5 m hoch erhalten. Der Eingang zum Turm lag auf der Nordseite. Aus einer Handskizze des früheren Salmendinger Pfarrers Werner aus der Mitte des 18. Jahrhunderts mit der Ansicht gegen Norden ist dies deutlich zu entnehmen. Damals mag der Turm, zwar auch schon Ruine, noch 10 bis 12 m hoch gewesen sein. Auf derselben Handzeichnung ist östlich vom Turm und an diesen anstossend ein zweites turmartiges Gebäude mit nördlichem Eingang zu ebener Erde und einem Fenster im oberen Stockwerk ersichtlich. Dieser Bau wird das Wohnhaus gewesen sein; und war etwa 10 m breit und lang. Gegen die Bergseite schloss ein tiefer jetzt noch erkennbarer Ring-Graben die Burganlage ab. Ein zweiter Graben läuft weiter südlich als weiterer Schutz gegen das hier flach verlaufende Gelände. Auf der Südwestecke etwa 30 m vom Bergfried entfernt wurden Mauerreste entdeckt,

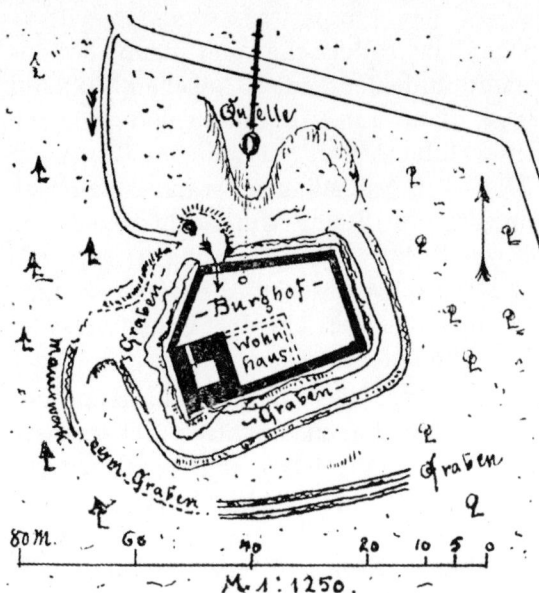

Abb. 127. Grundplan der Burg Salmendingen.

vielleicht die Reste eines den Grabeneingang verteidigenden Turmes. Innerhalb des Burgberings hart an der nördlichen Ringmauer in der Verlängerung des Quellaufes, welcher auf halber Höhe des Burgberges zu Tage tritt, wird der Brunnen zu suchen sein. Am Fusse der Burg (nordwestlich) lag eine Mühle mit oberschlächtigem Rad, die in den mittelalterlichen Lehenbriefen vielfach genannt wird.

SCHILTAU
siehe bei Jungnau.

STAUFFENBERG.

Das Geschlecht, das einst hier seinen Sitz hatte, hiess Stauffenberg. Es stand zu den Grafen von Zollern im Ministerialverhältniss und bekleidete das Schenken-Hofamt, woher sich die Edlen von Stauffenberg Schenken von Stauffenberg nannten. Geschlecht und Burg gehen bis auf das 13. Jahrhundert zurück. Im Jahre 1317 begegnen wir drei Brüdern Burkhart, Wernher und Bertold, die sich alle Schenken von Stauffenberg hiessen und von denen sich Burkhart Ritter nannte. Im Jahre 1393 werden Hansli und Wernli die Schenken von

Stauffenberg als Edelknechte aufgeführt. Nach 1417 nennt Graf Friedrich von Zollern Konrad und Rudolf von Stauffenberg seine lieben Diener Als derselbe Zollerngraf 1408 vom Bischof von Konstanz die Bestätigung der von ihm gestifteten Kapelle zum hl. Kreuz am Fusse des Zollern nachsuchte, präsentirt er Wernher von Stauffenberg als Geistlicher auf diese Pfründe.

Wann die Burg verlassen wurde, ist nicht bekannt. Bei dem vor einigen Jahren hier angelegten Waldweg hat man die noch vorhandenen Reste der Burg leider als Steinmaterial benutzt. — —

Etwa 200 m nordwestlich der fürstlichen Domäne stauffenburger Hof beim Einfluss des Weilheimer Baches in die Starzel auf deren linker Seite lag auf dem scharf vorspringenden Bergrücken die Ruine Stauffenberg, heute auch das »Schlössle« genannt. Die Burgstelle bezeichnet jetzt nur noch ein grosses Trümmerfeld von Steinen und Ziegeln. Der ehemals tiefe Ringgraben sowie die ganze Burgstelle ist vollständig mit Wald bedeckt.

STEINHILBEN.

Der Vollständigkeit wegen möchten wir noch der ehemaligen Burg zu Steinhilben Erwähnung tun, die vielfach schlichtweg das Steinhaus, zuweilen auch Burg und Steinhaus, also wohl ein Turm und ein Wohnhaus, genannt wird. Es sind nur noch geringe Reste von diesem ehemaligen Burgsitz erhalten. Das Geschlecht, das eine Reihe von Namen führte, Hülwer, Pfützer, Pfutz — alles Bezeichnungen, die auf die in Steinhilben bis zur neuen Wasserversorgung gebräuchlichen Hülben (Hülwe) zurückzuführen sind, kommt vom 13. bis 16. Jahrhundert vor. — —

Die ehemalige Burganlage ist von unregelmässiger Grundform und lag hart an einer jetzt noch vorhandenen Hülbe, die ausserhalb des Burgberings in einer einspringenden Ecke liegt. Die Hülbe ist jetzt noch durch eine rundbogige Türöffnung vom Burghof aus zugänglich. Die eigentliche Burg, vielleicht auch das sog. Steinhaus, lag im westlichen schmäleren, das Schloss und die Scheune im breiteren öst-

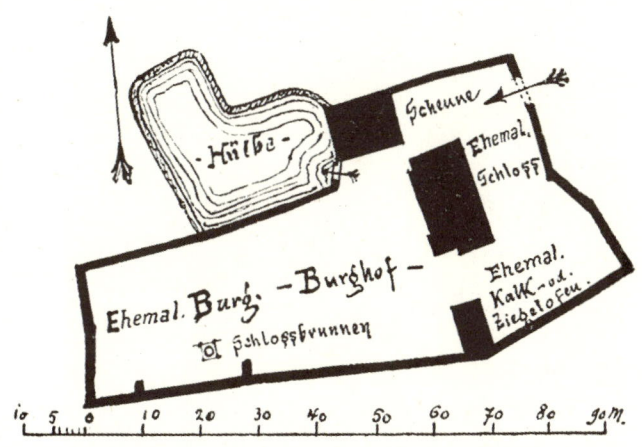

Abb. 128. Grundplan der Burg.

lichen Teil. Die alte Burganlage wurde ihrer Zeit nach Osten erweitert. Das Schloss soll im Jahre 1857 abgebrochen worden sein. Die gewölbten Schlosskeller sind noch vorhanden. Die Einfahrt zum Schlosshof lag in der Nordwest-ecke. Nordwestlich vom Schloss liegt die noch erhaltene Scheune. Ihr westlicher Teil ist der ursprüngliche. Auf der Ostseite und Südseite fehlt die Ringmauer. Auf der West- und Nordseite ist sie noch erhalten, 0,85 m stark, und bildet zum Teil den Unterbau angebauter Gebäude. Bemerkenswert ist der vorhandene, heute noch benützte Schlossbrunnen mit Brunnenhaus, ein Schachtbrunnen, aus schön gefügten Sandsteinquadern hergestellt, mit der alten Wasserhebung mittelst Zieheimern. Jetzt stehen verschiedene neuere Ge-bäude im ehemaligen Burghof und Schlossgarten; die übrige Burgfläche ist Gras-und Baumgarten; unter diesem Teil liegen alte Fundamentreste.

STRASSBERG.

Abb. 129. Burg Strassberg.

Während das Laucherttal sehr reich ist an Burgen, besitzt das andere Seitental der Donau, das der Schmeien oder wie sie früher hiess Smihen, auch Smichen, wenige Burgsitze. In den Rahmen unserer Dar-stellung fallen nur die Burgen Strassberg und Weckenstein. Von diesen beiden ist Strass-berg die älteste. Schon 843 schenkt ein Adalbert an die Kirche, welche der heiligen Verena geweiht ist, in dem Orte, der Burg (burc) genannt wird und in dem Gau liegt, der Scherra (Scerra) heisst, verschiedene auswärtige Besitzungen, giebt die Kirche an das Kloster St. Gallen und nimmt dafür einen Jahreszins. Man hat behauptet, dieses Burg sei dasselbe wie Strassberg. Das ist nicht ganz zutreffend. Die Sache liegt vielmehr so: Burg war zweifellos vor dem heutigen Strassberg gegründet. Später aber entstand daneben noch Strassberg, das wohl den

Namen von seiner Lage an der alten Strasse, die hier vorbeiführt, erhielt. In der Folgezeit ging Burg ganz in Strassberg auf. Aber noch 1326 bestehen beide Orte neben einander: denn da treten als Zeugen zugleich auf: Herr Konrad, Leutpriester zu Burg und Joh. der Schultheiss von Strassberg. Ja, es gab sogar noch einen dritten Ort daselbst: Oitringen. Im Jahre 1265 wird nämlich von diesem Oitringen als Pfarrort gesprochen und sein Viceplebanus genannt. Es ist bedauerlich, dass in der Urkunde nicht auch der Name des Kirchenheiligen angeführt wird, wie dies 843 geschieht, wo ausdrücklich gesagt wird, dass die Pfarrkirche der heiligen Verena geweiht sei. Nahe bei Strassberg, auf der Höhe Ebingen zu, soll noch die Bezeichnung Oitringen vorkommen und eine Burg gestanden haben. Ich bin somit der Ansicht, dass das heutige Strassberg alle drei Orte in sich vereint, und dass Oitringen ein späterer Name für Burg ist; denn es ist ganz undenkbar, dass so dicht nebeneinander zwei Pfarreien bestanden haben, von denen die eine spurlos verschwunden sein sollte. In dem Pfarrort-Verzeichnis von 1275 findet sich auch kein Oitringen, wohl aber Burk = Burg; es sind eben damals noch beide Namen gebraucht worden.

Aber auch Strassberg kommt sehr früh unter diesem Namen vor, so 1136 als Strazperg und 1313 Strazperg. Ein Ortsadel wird schon 1253 und 1313 erwähnt.

Wiewohl nun 843 Ort und Kirche an das Kloster St. Gallen geschenkt wurden, finden wir St. Gallen nicht als Besitzer von Strassberg, wohl aber das Stift Buchau. Adalbert wird von dem Vorbehalt, Ort und Kirche wieder an sich ziehen zu dürfen, Gebrauch gemacht haben. Von dem Stifte Buchau trugen es die Grafen von Hohenberg zu Lehen bis 1345, wo es an die von Reischach fiel. Deren Nachfolger waren von 1429—1508 die Schwelher, dann die von Homburg, die 1532 Strassberg mit Kaiseringen und Frohnstetten an die von Westersetten um 10000 Gulden verkauften. Oswald Gabelkover (1539—1616) nennt Strassberg damals Schloss: »Straussberg, schloss, Herr Wolfen de Homburg.« Nachdem die Homburger 1622 ausgestorben waren, nahm Buchau die Herrschaft in eigene Verwaltung. Von 1696—1708 war vorübergehend Fr. Jos. von Pflummern Lehensinhaber. In Folge des Reichsdeputationshauptschlusses 1802 fiel Strassberg 1803 an Thurn und Taxis. Im Jahre 1835 erwarb das gräflich langensteinische Rentamt die Herrschaft, die aber schon 1836 von dem Erbprinzen Karl Anton von Hohenzollern-Sigmaringen um 80000 Gulden als Privateigentum gekauft wurde und fürstliches Eigentum blieb. — —

Die Burg liegt auf hohem Felsvorsprung etwa 90 m über der Talsohle nächst dem jetzigen Pfarrort, auf der linken Seite der Schmeien. Der stärkste Teil ist der auf einen Felsunterbau gesetzte fünfeckige Turm (Wohn- und Wachtturm) ursprünglich vier jetzt noch zweieinhalb Stockwerke hoch, der mit der Spitzecke nach Norden zeigt und reichlich mit teils halbkreisförmigen, teils liegend rechteckigen Schiessscharten nach drei Seiten versehen ist. Der Eingang lag auf der jetzt eingebauten Südostseite etwa 7,5 m über dem inneren Burghof. Die Umfassungswände sind, 2,80 und 2,60 m stark, aus Buckelquadern hergestellt. Das Eingangsstockwerk hat einen tonnengewölbten Raum mit kleinen gewölbten Nebenräumen, die durch rundbogige Türöffnungen verbunden sind (s. unten). Unter dem nördlichen fünfeckigen Raum liegt das gewölbte Burgverlies, das bis zum Felsen reicht; die

Lichtzufuhr erfolgt nur von oben mittelst einer viereckigen Öffnung im Boden, dem

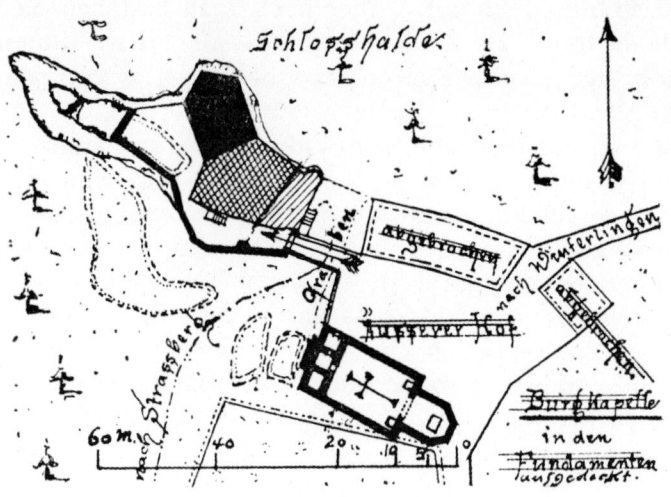

sog. Angstloch. Im darüberliegenden Stockwerk sind die Mauern 2,60 und 2,36 m stark. Im Jahre 1834 wurden in diesem Stockwerk zwei Kriminalarreste eingebaut, und die jetzigen vier Fensteröffnungen unter der Decke ausgebrochen. Das vierte und dritte Stockwerk, letzteres zur Hälfte, wurden im Jahre 1782 abgetragen. Aus dieser Zeit rührt auch der jetzige Dachstuhl her. Für die Annahme

Abb. 130. Übersichtsplan der Burg Strassberg.

von vier Stockwerken des Turmes (ohne das Burgverliess) sprechen die Abbildungen der Burg auf dem Grabstein des Eitel Friedrich von Westerstetten

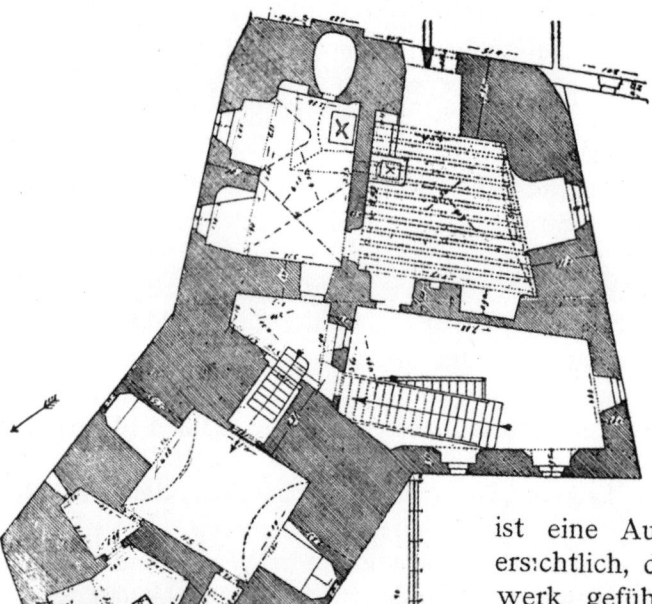

und seiner Frau Maria von Zillenhard aus dem ersten Viertel des siebzehnten Jahrhunderts, der im Innern der Pfarrkirche aufgestellt ist, sowie das Bild auf dem Hochaltar. Nicht aufgeklärt ist, wie die Stockwerke über dem Eingangsstockwerk erreicht wurden, da keinerlei Tür-Öffnungen in den Umfassungswänden zu finden sind. Nur in der nördlichen Aussenwand des dritten (Halb-) Stockwerks

Abb. 131. Grundplan vom I Stockwerk des Wohnhauses, 5,50 m über dem Burghof, und vom 2 m höher liegenden Eingangsstockwerk des Wachtturmes (Wohnturm).

ist eine Aussparung für eine Treppe ersichtlich, die wohl zum zweiten Stockwerk geführt haben mag, aber keine Fortsetzung nach unten zum Eingangsstockwerk zeigt. Es lässt sich nicht feststellen, ob der Turm eine Zeit lang allein stand und als Wohn- und Wachtturm diente. Für die Möglichkeit spricht das Vorhandensein von Buckelquadern auch auf dem südlichen eingebauten Teil der Aussenwand. Es ist aber auch nicht ausgeschlossen, dass an den Turm eine Wehrmauer oder ein Wohnhaus anschloss, von welchem aus das Eingangsstockwerk und die oberen über diesem liegenden Stockwerke erreicht werden konnten. Kaum anzunehmen ist, dass die Einbauten des Eingangsstockwerks aus späterer Zeit stammen und über diesem Stockwerk früher ein Holzgebälk mit innerer Treppe statt der Gewölbe lag. Der Einbau südlich des an den Turm angebauten Teiles ist im wesentlichen in das sechzehnte Jahrhundert zu verlegen. An einem Pfosten im Treppenaufgang befindet sich das Wappen der Westerstetten mit der Jahreszahl 1597. Dieser Gebäudeteil, ursprünglich wohl dreistöckig, zeigt gegen Süden, Westen und Osten starke Mauern von 2,70, 2,40 und 2,28 m Stärke mit Buckelquadern, die auf den älteren Bau hinweisen. Die unteren Räume sind sämtlich gewölbt. Weiter südlich wurden später weitere Nebenräume mit einem halbrunden Turmausbau nach Osten angebaut; und zugleich der Zugang zur Burg mittelst gewölbter Einfahrt überdeckt. In dieser Einfahrt ist gegen die Stützmauer hin der untere Teil eines Rundtürmchens vorhanden. Das zweite Türmchen lag weiter südlich, beide konsolenartig auf die Ringmauer

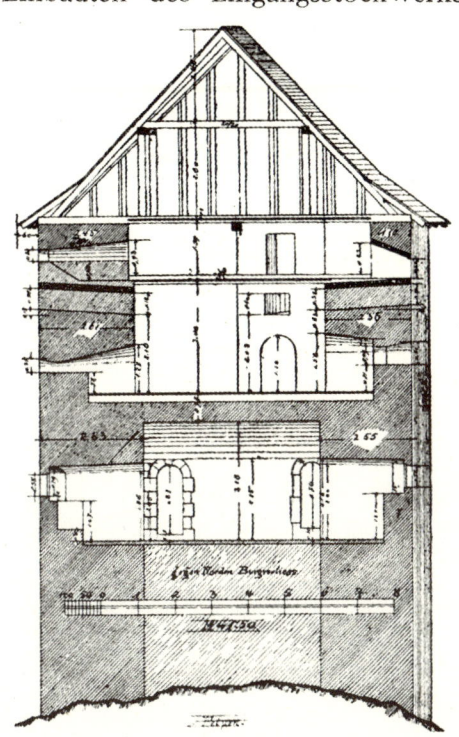

Abb. 132. Schnitt durch den Wachtturm (Wohnturm).

aufgesetzt (siehe obengenannten Grabstein). Auf der äussersten Felsspitze gegen Westen, etwas tiefer als der innere Burghof, sind Mauerreste eines Rundturmes sichtbar. Ausserhalb des Burgtores jenseits der jetzigen Holzbrücke (früher steinerne Bogenbrücke) und des Grabens liegt der äussere Hof. Zwischen dem Burgeingang und den Ruinen der Schlosskapelle befindet sich der Brunnen. Die ehemalige Schlosskapelle, ein Renaissancebau, wurde von der Äbtissin Katharina Gräfin von Spaur Flävony und Valaus zu Buchau in der Zeit zwischen 1635—1650 errichtet und 1657 konsekrirt. Die noch vorhandene Ruine ist der Unterbau des ehemaligen Turmes. Nach den aufgedeckten Fundamenten war das Schiff 20,80 m lang und 9,89 m breit. Gegen Osten lag der im halben Sechseck geschlossene Chor. Die Fundamente der 3 Altäre (Hochaltar, zwei Seitenaltäre) wurden ebenfalls festgestellt.

Nördlich der Burg etwa 900 m entfernt, fast in gleicher Höhe wie die Hauptburg, liegen auf schroffem, steil abfallendem Felsen die Reste eines quadratischen Turmes aus schön gefügtem Quadermauerwerk, dessen Lichtweite 2,40 m und dessen Mauerstärke gegen Osten (Bergseite) 3 m, gegen die übrigen Seiten etwa 2 m beträgt. Der Eingang zum Turm ist auf der Ostseite zu suchen. Auf dem westlichen Vorfelsen vom Turm durch einen Felseinschnitt getrennt, sind Reste von Mauerwerk erkennbar. Der Bergkopf ist jetzt bewaldet und schwer zugänglich.

TROCHTELFINGEN.

Abb. 133. Trochtelfingen.

Es giebt nicht viele Ortschaften in Hohenzollern, die sich so vorteilhaft und malerisch dem Auge darbieten, wie Trochtelfingen. Besonders ist das der Fall, wenn man von Gammertingen her sich dem Städtchen nähert, das mit seinen Mauern, Befestigungstürmen, dem ehemals werdenbergischen, jetzt fürstenbergischen Schlosse, der stattlichen Kirche einen viel grösseren Eindruck hervorruft, als es in der Tat wirklich ist. Das anmutende Bild wird noch gehoben durch die Trochtelfingen umgebenden Höhen, die zum Teil mit kirchlichen Gebäulichkeiten besetzt sind, früher aber auch Sitz von kleineren Edelleuten waren. Man gewinnt bald den Eindruck, dass hier alter Kulturboden zu finden ist und man begreift es, dass Trochtelfingen, wie schon sein Name sagt, in jene Zeit zurückgeht, wo die Schwaben im Lande sich sesshaft machten. Die Schreibweise des Namens wechselt im Laufe der Jahrhunderte, wenn auch der Stamm desselben unverkennbar bleibt. Im Jahre 1161, wo es urkundlich zuerst

auftritt, wird es Truhdolvingin geschrieben, 1256, fast wie heute, Trochtel-
wingen und Trochtelfvingen, 1275 Trühtelvingen = Trühteluingen, 1282, 1287
Truochtelvingen, 1297, 1309 und 1370 Truhtolvingen, 1370 auch Trochteluingen,
von 1353 ab fast immer Trochtelfingen. Dem Worte liegt ein Personennamen
zu Grunde. Schon im 6. Jahrhundert finden wir einen Alamannen Droctulf,
der sich als Heerführer zu Ravenna auszeichnet. Der Name kommt ferner in
den Formen Tructolf, Trohtolf, Thruodolf vor, dem der Stamm truht, drocht,
Volk im Sinne von Kriegsvolk, Heer, zu Grunde liegt. Truhtolf = Trochtolf
ist also der Volkwolf, der Heerwolf.

Trochtelfingen gehörte zum Gau Burichinga, der späteren Grafschaft
Gammertingen (s. bei Veringen). Mit dieser fiel es an Bertold von Neifen
(† 1219). Im Jahre 1256 finden wir Trochtelfingen in Besitz der Pfalzgrafen
von Tübingen. Von diesen ging es zu Ende des
13. Jahrhunderts an die Grafen von Hohenberg
über, die es aber schon 1310 an Graf Eberhard
von Württemberg verkauften. Um 1316 über-
liess der Genannte Trochtelfingen seiner Tochter
Agnes als Aussteuer bei ihrer Heirat mit Graf
Heinrich von Werdenberg. Um 1445 versuchten
die Württemberger, Trochtelfingen wieder an sich
zu bringen, die Werdenberger bestanden jedoch
mit Erfolg auf ihrem Besitzrecht. Nach Aussterben der Werdenberger 1534 (s. bei Sigmaringen) fiel Trochtelfingen an die Grafen von
Fürstenberg, in deren Besitz es blieb, bis zur
Aufhebung des Fürstentums Fürstenberg durch
die Rheinbundakte 1806, wo Trochtelfingen unter
hohenzollerische Landeshoheit kam.

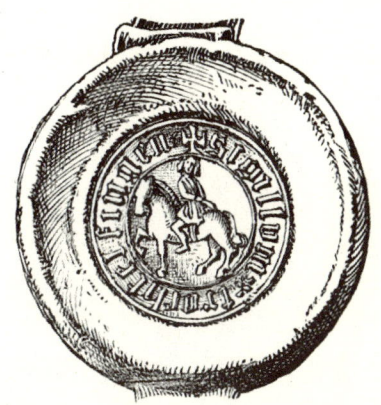

Abb. 134. Stadtsiegel von Trochtelfingen. 1406. Umschrift: Sigillum
trochtelfingen.

Trochtelfingen besass auch eigenen Ortsadel. So finden wir vor 1287
einen Swigger von Truchtelvingen, Vasall des Grafen von Württemberg, 1299
wird ein Albert von Trochtelfingen, 1333 eine Judenta von Trochtelfingen, 1392
ein Kunz und 1400 ein Heinrich von Stimmelin, Ritter, von Trochtelfingen genannt.

Im Jahre 1275 ist es schon Pfarrei und 1310 wird es Stadt genannt; beides
sowohl der pfarrliche wie der städtische Charakter kann aber auch noch weiter
zurückreichen.

Ein böses Schicksal erfuhr Trochtelfingen im Kriege Ludwig des Baiern
mit Friedrich dem Schönen, indem die Stadt 1332 zerstört wurde, und 66 Jahre
später verbrannten sie die Reutlinger teilweise, nahmen 30 Trochtelfinger gefangen und tödteten 20 Mann, und zwar nur weil sie mit den Herren von
Lichtenstein (Honau) und von Hölnstein in Fehde lagen und Trochtelfingen, dem
Lehnsherrn der Genannten, den Grafen von Werdenberg, gehörte. Im Jahre
1497 erfahren wir, dass Trochtelfingen 990 rheinische Gulden seinen Herren,
den Grafen von Werdenberg, (während Sigmaringen 2100 Gulden) einbrachte.
Die Stadt besass auch (1386) eigenes Mass und (1408) eigene Währung.

Von wesentlicher Bedeutung für Trochtelfingen war sein Eigentumsver-
hältniss zu Werdenberg, denen dann ohne Verpfändung die Fürstenberger
folgten. Die Werdenberger taten viel für die Stadt und machten sie zu ihrer
Residenz. Auch errichteten sie sich in der von ihnen neu erbauten Pfarrkirche
ein Erbbegräbniss, in welchem verschiedene des Geschlechtes beigesetzt wurden
und über welches mehrere Sagen rund gingen. So lag auf dem Zugang zur
Gruft ein schwerer, grosser Stein. Wiewohl derselbe mit Kalk allemal fest
gelegt wurde, geschah es doch, dass er »anfahe lotter werden und wacken«,
ein untrügliches Zeichen, dass Einer aus der Familie sterben müsse. Graf
Christoph, der letzte Werdenberger, nahm sich die Sache sehr zu Herzen. Er starb
bald nachdem das Gerücht wieder aufgetaucht war und wurde mit Schild und

Abb. 135. Votivtafel auf Schloss Zeil, die Ermordung des Grafen Andreas von Sonnenberg
betreffend.

Helm hier begraben. Auch mit der Beisetzung des Grafen Felix, des Bruders
von Christoph, verband sich eine gruselige Behauptung. Graf Felix hatte 1511
den Grafen Andreas von Sonnenberg erschlagen, (s. S. 18 f.), und es ging die
Sage, auf dem Reichstag zu Augsburg habe ihn der Kaiser 1530 dafür enthaupten
lassen. Tatsächlich starb Felix zu Augsburg, angeblich an einem Blutsturz.
Man brachte die Leiche nach Trochtelfingen und da hat man, wie die zimmerische
Chronik zu erzählen weiss, »das haupt in der bar rollen hören.« Als Neugierige
dennoch den Sarg öffnen wollten, wehrte der Kämmerling ab mit den Worten:
»Ach, was wellen wir ain herzlaidt sehen«. Wie beim Schlosseingang zu Sigmaringen (s. d.), so befindet sich auch ein Votivbild mit Bezug auf den Todschlag des Grafen Andreas am Schloss Zeil. — —

Die ursprüngliche Lage des Schlosses, welches nach dem Jahre 1320 vorhanden war, kann nicht mehr festgestellt werden. Von Graf Eberhard I. (gestorben 1383) wird berichtet, dass er zeitweilig im Schlosse zu Trochtelfingen wohnte. Das jetzige Schloss ist in der zweiten Hälfte des fünfzehnten Jahrhunderts entstanden. Es liegt innerhalb der einst stark befestigten Stadt hart an der westlichen Ecke zwischen dem noch stehenden »Hohen Turm« (s. unten) und dem ehemaligen »Oberen Tor.« Der rechteckige grosse Bau mit Staffelgiebeln im Übergangsstil mit einfachen steinernen Fensterkreuzen zeigt noch starke gotische Anklänge, so an den Wasserspeiern des polygonalen nach der Hofseite ausgebauten Treppenturms, wie auch an der Profilierung der Wendeltreppe. Über dem Portal zum Treppenturm ist in einfacher rechteckiger Umrahmung das Wappen (Werdenberg—Heiligenberg) angebracht. Später nach Übergang der Herrschaft an Fürstenberg diente das Schloss als Sitz des Ober-

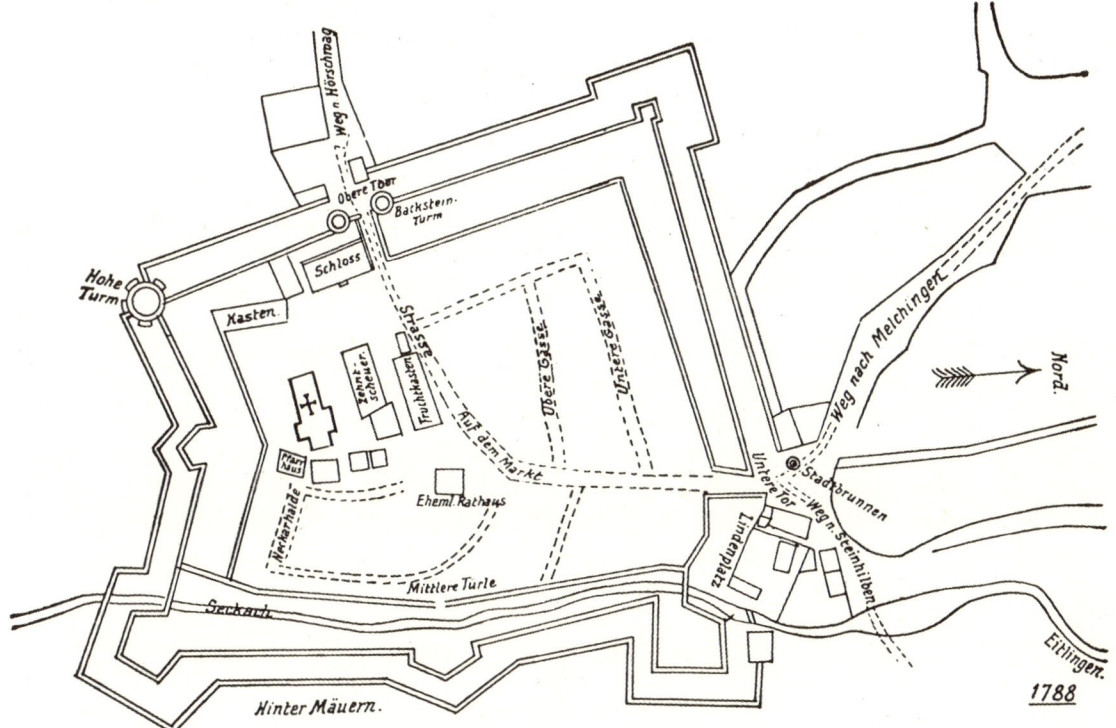

Abb. 136. Grundplan von Trochtelfingen.

vogts. Im Jahre 1860 erwarb die Gemeinde das Schloss von der fürstenbergischen Standesherrschaft, um es als Rat- und Schulhaus und zu Wohnungen zu verwenden, welchem Zweck es heute noch dient. Das Schloss und die sonstigen herrschaftlichen Gebäude, wie Herrenhaus, Zehntscheuer, Fruchtkasten, auch Kirche und Pfarrhaus bildeten einst einen besonderen für sich abgeschlossenen Stadtteil, der fasst ein Viertel des alten Stadtinnern einnahm. Die Stadtbefestigung, von der noch namhafte Reste vorhanden sind, war eine dreifache. Die Stadtmauern bildeten im wesentlichen ein unregelmässiges Viereck von etwa 300 m Länge und 250 m Breite, das sich östlich an die Seckach anlehnte und das Flüsschen auf dieser Seite in sich aufnahm. Die erste innere Mauer ist jetzt noch auf allen vier Seiten sichtbar. Östlich lief diese unmittelbar dem rechten Ufer der Seckach entlang. Die jenseits des Flüsschens liegenden Gartenmauern sind Überreste der zweiten und dritten Stadtmauer. Hinter einem basteiartigen Vorsprung lag ein kleines Tor, das mittlere Türle genannt. Südlich bildete die innere und die äussere Gartenmauer des Schlossgartens die erste und zweite Stadtmauer, die dritte Mauer ist abgebrochen. Deren Zug lässt sich an der von der Seckach dem Hohen Turm zu führenden Steinböschung verfolgen. Der Mauerzug ist nach innen gezogen; in dessen Mitte lag ein bastionartiger Vorsprung. Der Vorsprung der zweiten Mauer mit einem Rundtürmchen besteht jetzt noch. Während drei Ecken des befestigten Vierecks (gegen Süposten, Nordosten und Nordwesten) mit weit ausholenden bastionsartigen Vorbauten verstärkt waren, lag in der Südwestecke der heute noch erhaltene sog. Hohe Turm, ein mächtiger Rundturm von etwa 15 m Durchmesser, jetzt noch vier Stockwerke hoch, reichlich mit Schiessscharten versehen; er gehört dem Ende des 16 Jahrhunderts an. Bis 1822 war der Turm um zwei Stockwerke höher und mit einem Dach abgeschlossen. Jetzt ist in dem Turm der Hochbehälter einer Wasserleitung untergebracht. Die flach liegenden grossen Schiessscharten sind aussen mit bossenartigen Steinbuckeln verstärkt. Hart neben dem Turm in der zweiten Umfassungsmauer gegen Westen lag ein Ausfallstor. Tor und Mauer sind abgebrochen. Auch die dritte Mauer fehlt. Einen Teil der ersten Mauer nach dieser Seite bildete das Schloss. Nördlich vom ehemaligen oberen Tor steht jetzt noch ein runder Backsteinturm, gleichfalls mit Schiessscharten versehen. Der zweite Turm nächst dem Schloss ist abgebrochen. An den ersteren Turm schliesst die zweite Stadtmauer etwa 6—7 m hoch mit vorgelegtem Graben an, die von Osten nach Norden bis zum unteren Tor und dem dort liegenden Lindenplatz führte. In dessen Nähe trat die Seckach in die Stadtbefestigung ein. Der Eintrittsbogen in der inneren Stadtmauer ist heute noch sichtbar. Graf Heinrich Werdenberg soll Trochtelfingen erstmals befestigt haben. Die jetzt noch vorhandenen Überreste der Festungswerke stammen aus späterer Zeit.

WECKENSTEIN.

Nur noch wenige Nachrichten haben sich aus dem Mittelalter von der Geschichte der Herren von Wekkenstein, oder Weggenstein, wie sie geschrieben wurden, in unsere Zeit hinüber gerettet, und ebenso spärlich sind die Überbleibsel ihrer Burg, die in dem wildromantischen Tale der Schmeien unterhalb Storzingen liegen. Mit dem Jahre 1200 treten die von Weckenstein auf, und der damalige Burkard von Weckenstein gründete sich ein Denkmal, das seinen Namen, der sonst wohl längst vergessen wäre, erhalten hat, durch Stiftung des in der Folgezeit in Ansehen stehenden Cisterzienser-Frauenklosters Wald, heute ein stattlicher Marktflecken (Klosterwald) im Oberamte Sigmaringen. Er wird damals geschrieben Burkardus de Wekinsten. Mit dem Jahre 1387 starb das Geschlecht aus.

Auch in der Geschichte der alten Grafschaft Sigmaringen spielt Wecken-stein eine Rolle. In den Grenzbeschreibungen des Mittelalters heisst es im Grenzzug: »ausser dem selben mulrad (bei der Burg Dietfurt) die Tunaw ab in die Smihen, da sy in die Tunaw gat, und die Smihen daselbs auf gen Wecken-stain in das burkstal«. Es ist das insofern von Interesse, als heute noch auf der Ruine der Grenzstein zwischen Hohenzollern und Baden steht. — —

Die Burgruine liegt 30 Minuten südlich von Storzingen, etwa 140 m über der Talsole auf dem rechten Ufer der Schmeien auf schroffem Felsen hart an der badischen Landes-grenze Die Burgfläche ist jetzt ganz bewaldet Der Burgbereich bildet ein unregelmässiges Fünfeck von etwa 18 m Breite und 27 m Tiefe Der kleine Burghof fällt stark von Süd nach Nord. Die aus unregelmässigen Bruchsteinen hergestellte Ringmauer gegen Westen 2.20 m, gegen Norden 1,2 — 1,65 m stark, ist auf der Nord-ostecke turmartig ausgebaut, auf der Nordwestecke stark abgerundet. Auf der Süd- und Ostseite ist die

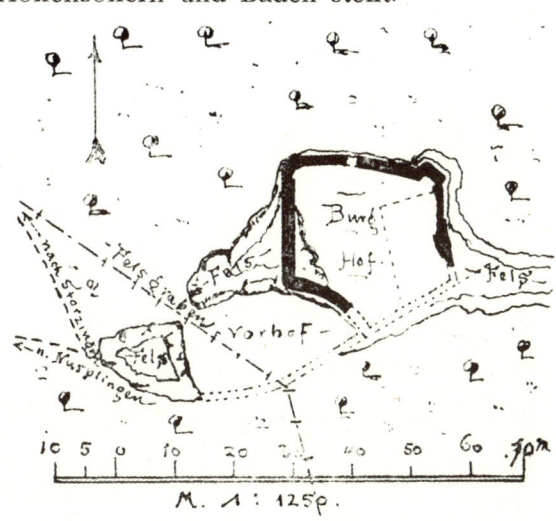

Abb. 137. Grundplan der Burg Weckenstein.

Ringmauer abgestürzt Der Zugang lag auf der Westseite und führte über einen der Hauptburg vorliegenden Felskopf und einen künstlich erweiterten Felsein-schnitt mittelst Brücke oder auf der Südwestecke durch den Graben (Zwinger) (s. unten) zu einem in der westlichen beziehungsweise südwestlichen Ringmauer gelegenen Tor. In beiden Fällen ist nur ein Fusspfad, kein Fahrweg denkbar. Gegen Südwesten liegt ein Vorhof (Zwinger), 7—8 m tiefer als die Hauptburg, gegen Süden dem Berghang zu abgeschlossen. Vom Wohnhaus ist nichts mehr erkennbar; es ist in dem höher gelegenen Teil anstossend an die Ring-mauer zu suchen. Der Brunnen ist nicht mehr feststellbar. In der nördlichen Ringmauer bei dem Mauerdurchbruch ist vielleicht ein Seitenpförtchen zu suchen. Vom westlichen Eingang führten Fusspfade abwärts nach Storzingen zur Mühle und aufwärts gegen Nusplingen.

In nördlicher Richtung etwa 400 m entfernt und 70—80 m tiefer als die Hauptburg liegt auf dem westlichen Teil einer hart über der Schmeien stehenden Felsgruppe die Vorburg, von der Hauptburg deutlich sichtbar, gegen Norden, Osten und Süden ganz unzugänglich, gegen Westen mit dem höher ansteigen-den Hang verbunden. Es sind noch Reste eines Turmes mit Verkleidungs-quadern etwa 16 m vom jetzigen Strässchen entfernt sichtbar. Ein davor ge-legter jetzt ganz verschütteter Graben schützte die Anlage gegen die Bergseite. Der Zugang ist nicht mehr erkenntlich.

WEHRSTEIN.

Abb. 138. Wehrstein mit Fischingen von Südwesten.

Wenn man in den Altlanden Preussens davon spräche, dass die Monarchie auch im Schwarzwald ihre schwarz-weissen Grenzpfähle stehen habe, dass auch dort preussisches Gebiet liege, würde Mancher ungläubig sein. Und dennoch ist es so. Die nordwestliche Spitze von Hohenzollern erstreckt sich in den südöstlichen Ausläufer des Schwarzwaldes, und hier, wo der Neckar, der Haupt-fluss Württembergs, einer der bedeutendsten Nebenflüsse des Rheines, noch keinen weiten Weg von seinem Ursprung auf der Wasserscheide des Schwarz-waldes unweit Schwenningen, im schönen Neckartal und seinen nächsten Ein-mündungen zurückgelegt hat, liegen viele Burgruinen, wiederum ein Beweis, dass die Edelleute des Mittelalters gerne und mit Vorliebe da ihre Burgen er-bauten, wo waldreiche Gegend viel Wild, und Wasserläufe schmackhafte Fische lieferten. Das übrige besorgten ja die Bauern. Nahe bei der Stelle, wo der Neckar das hohenzollerische Gebiet betritt, erblickt man an seinem rechten Ufer das Pfarrdorf Fischingen, überragt von den Ruinen der Burg Wehrstein. Diese Namen lassen nicht vermuten, dass sie Beide zu den ältesten Hohen-zollerns und Schwabens zählen. Mit Fischingen haben wir es hier eigentlich nicht zu tun, weil die Burg zu den wenigen zählt, die mit der Ansiedlung an ihrem Fusse nicht den gleichen Namen führen. Es sei jedoch erwähnt, dass Fischingen schon im 8. Jahrhundert vorkommt unter den Schenkungen, die Gerold an das Kloster Reichenau machte, und auch das Kloster Lorsch hier schon 772 Besitzungen hatte. Damals hiess es Fiscina, wahrscheinlich entstanden aus dem althochdeutschen fisgizza = Fischteich, Fischbehälter. Wiewohl der Name die schwäbische Endung ingen besitzt, ist es doch nicht auf einen Personennamen zurückzuführen.

Wir möchten es als nicht unwahrscheinlich hinstellen, dass Fischingen der Burg Wehrstein seinen Ursprung verdankt. Als sicher kann man behaupten, dass jenes Werestein, von dem Pipin der Kurze am 27. Mai 752 eine Urkunde datiert, mit unserem Wehrstein der gleiche Ort ist. Wir wissen, dass Pipin um jene Zeit in Schwaben weilte. So war es kein zu gewagter Sprung der Phantasie, wenn eine kulturgeschichtliche Erzählung »Kaiser Karls erste Liebe« Pipin zu Wehrstein damals weilen lässt als Gast einer hier ansässigen Herzogsfamilie, und bei dieser Gelegenheit sein Sohn Karl seine erste Frau, die Schwäbin Hildegard, kennen lernte.*)

Schon 1101 wird ein Hugo von Wehrstein genannt. Die von Wehrstein waren Edelfreie, besassen aber ihre Burg zuerst als Erblehen von den Grafen von Tübingen und später von den Grafen von Zollern-Hohenberg. Das war im 12. und 13. Jahrhundert.

Im 14. Jahrhundert kam Wehrstein pfandweise an die Herren von Weitingen. Die von Weitingen geloben 1375, dass Wehrstein dem Grafen Rudolf von Hohenberg »von der pfandung wegen ze Wehrstain — — ein offen hus sein solle.« Nun erwarb Oesterreich 1381 Wehrstein, gab es aber 1401 als pfandweisen Besitz den Herren von Mansperg. Nach dem Tode des Burkhard von Mansperg 1432 kam Wehrstein nochmals an die Weitinger. Nun wechselte der Besitz mehrfach. Auch an die Hohenzollern fiel Wehrstein auf kurze Zeit als Lehen, bis 1529 Graf Christoph von Nellenburg, Herr zu Thengen, Wehrstein mit Zubehör, eine Herrschaft für sich, als Lehen erhielt. Er starb 1539 auf Wehrstein. Im Jahre 1559 wurde Graf Karl I. von Hohenzollern mit der Herrschaft Wehrstein belehnt. Österreich behauptete bis 1806 die Landesoberhoheit; diese ging dann mit dem Besitz der Herrschaft ganz an Hohenzollern-Sigmaringen über. Jetzt gehört die ehemalige Herrschaft Wehrstein zum Oberamt Haigerloch, Im Titel der Fürsten von Hohenzollern

Abb. 139. Teilansicht der Burg Wehrstein beim Eingang.

*) Kaiser Karls erste Liebe. Eine geschichtliche Erzählung. Von Karl Theodor Zingeler. Gotha. Friedrich Andreas Perthes.

nimmt auch die Herrschaft Wehrstein eine Stelle ein: Herr zu Haigerloch und Wehrstein. Unweit Wehrstein, bei Leinstetten, fiel 1298 Albert von Hohenberg, und 1645 brannten die Baiern, die wohl auch damals Wehrstein als hohenbergischem Besitztum böse mitgespielt haben, die Burg ab. — —

Abb. 140. Burg Wehrstein.

Die Burg (jetzt Ruine) liegt unmittelbar über dem Ort Fischingen auf einem nach Norden, Westen und Süden steil abfallenden Bergrücken. Vom südlichen höher gelegenen Teil des Ortes führt der schmale Burgweg am Hang aufwärts, über einen jetzt zugeschütteten Graben zum Tor. Links vom Tor liegt noch der Rest eines Rundturmes von 6 m Durchmesser. Das untere Stockwerk (jetzt verschüttet) zeigt zwei Schiessscharten gegen den Graben und die Ringmauer. Zwischen der südlichen Ringmauer (zugleich Stützmauer) und den teilweise auf Felsen ruhenden Mauerresten der einst nördlich gelegenen Gebäude, führt die Einfahrt in westlicher Richtung zum Burghof. Die Ringmauer gegen Süden trug einst einen Wehrgang. In dem ausspringenden Winkel dieser Seite stand wohl ein viereckiger Turm (Brunnenhaus?). Der westliche Abschluss der Ringmauer steht noch 9—10 m hoch, hat Schiessscharten und Mauerabsätze nach Innen. Die Mauer ist unten 2,2 m, oben etwa 1 m stark. Im mittleren Teil der ganzen Anlage auf einem Felsunterbau stehen noch Reste eines starken Rundturmes nach Nordwesten gerichtet. Daran anschliessend waren Wohnräume, deren Umfassungswände auf der Süd- und Nordseite fehlen, gegen Osten ist noch ein Mauerstück vorhanden. Auf der Nord- und Ostseite fehlt die äussere Ringmauer. Der nördlich vorgelegte Graben ist mit Steintrümmern ausgefüllt und jetzt ganz bewaldet.

Auf dem höchsten Teil der Burganlage mag einst ein Turm (Rund-turm) gestanden sein; worauf viele Mauer-steine und Mörtel-reste hinweisen. Auf der Ostseite ist der sehr breite künstlich erweiterte Felsgraben noch sichtbar, der nördliche Graben führt zu dem sog. Polzgraben. Auf der Nordostecke der ganzen Anlage ist der Küchenbau zu suchen, nach den Knochenresten zu schliessen, die sich dort jetzt noch vor-finden Am Fusse des Berghanges gegen Südwesten liegt die Mühle.

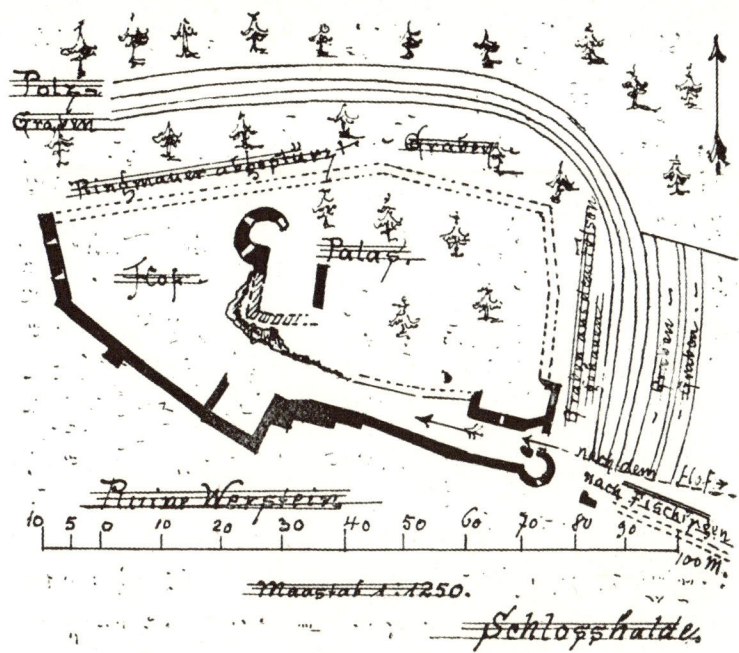

Abb. 141. Grundplan der Burg Wehrstein.